跨文化视角下的
国际中文教育教学研究

温红霞◎著

吉林出版集团股份有限公司
全国百佳图书出版单位

图书在版编目（CIP）数据

跨文化视角下的国际中文教育教学研究 / 温红霞著 . -- 长春 : 吉林出版集团股份有限公司, 2024.3
ISBN 978-7-5731-4818-6

Ⅰ．①跨… Ⅱ．①温… Ⅲ．①汉语—对外汉语教学—教学研究 Ⅳ．① H195.3

中国国家版本馆 CIP 数据核字 (2024) 第 079777 号

跨文化视角下的国际中文教育教学研究
KUA WENHUA SHIJIAO XIA DE GUOJI ZHONGWEN JIAOYU JIAOXUE YANJIU

著　　者	温红霞
责任编辑	沈　航
封面设计	沈　莹
开　　本	710mm×1000mm　　1/16
字　　数	198 千
印　　张	12.25
版　　次	2024 年 6 月第 1 版
印　　次	2024 年 6 月第 1 次印刷
印　　刷	天津和萱印刷有限公司
出　　版	吉林出版集团股份有限公司
发　　行	吉林出版集团股份有限公司
地　　址	吉林省长春市福祉大路 5788 号
邮　　编	130000
电　　话	0431-81629968
邮　　箱	11915286@qq.com
书　　号	ISBN 978-7-5731-4818-6
定　　价	74.00 元

版权所有　翻印必究

前　言

　　跨文化交际涉及不同背景和价值观念下人们的相互理解和沟通。这需要我们学习并尊重对方的语言、礼仪和行为准则。通过有效的跨文化交流，我们可以建立双方的友好关系，增进彼此了解，并且在全球范围内建立更加紧密的联系。在国家层面上，外交活动是一种典型的跨文化交际形式。通过政府间高级别会谈、签署合作协议以及开展贸易往来等方式，各个国家能够就共同关心的问题进行对话，并寻求共识和解决方案。在日常生活中，与外国人的交流也是跨文化交际的重要组成部分。无论是旅游、工作还是学习，我们都可能遇到来自不同文化背景的人。了解对方的语言和文化习俗就显得尤为重要。通过尊重并适应对方的行为准则，我们可以建立起互信和友好关系。除了语言交际外，体态语和客体语等非语言形式也在跨文化交际中扮演着不可忽视的角色。面部表情、身体动作以及使用物品等都能传达出特定文化所具有的意义和价值观。因此，在进行跨文化交际时，我们需要注意这些非语言信号，并且学会正确地理解和运用它们。

　　随着中国国际地位的提升和经济的迅猛发展，中国与世界各国的交流日益增多。学习中文的人数也在逐年增加。有关统计显示，全球有超过一亿人正在系统地学习中文，来华留学生数量也在不断上升。由于世界各国文化存在差异，因此在国际中文教育中进行正确的跨文化交际显得尤为重要。不管是外派到海外的中文教师，还是针对来华留学生开展的中文教育工作，恰当进行跨文化交际均会对教学带来积极作用。

　　随着中文逐渐步入世界语言的舞台中央，对外汉语教学已经转型为国际中文教育。如何在跨文化交际背景下开展国际中文教育的活动，成为各个院校和教师面临的重要任务。

　　本书第一章为跨文化与第二语言习得，分别介绍了文化与跨文化、跨文化交际与文化教学的基本态度和方法、第二语言习得研究的概念、中文作为第二语言习得研究的多角度研究四个方面的内容；第二章为国际中文教育中的语言理论与要素教学，主要介绍了三个方面的内容，依次是语言理论与国际中文教育、语言学科分支与国际中文教育、国际中文教育的要素教学分析；第三章为跨文化视角下国际中文教育教材资源建设，分别介绍了三个方面的内容，依次是国际中文教育教材的编写和选用、跨文化视角下国际中文教育教材的创新及现代化、海外本土化国际中文教育教材资源建设；第四章为跨文化视角下国际中文教育的专业人才培养与教师发展，依次介绍了国际中文教育专业教学能力与跨文化交际能力的培养、跨文化视角下国际中文教育专业人才培养与技能训练、跨文化视角下国际中文教师培养与发展研究三个方面的内容；第五章为跨文化视角下国际中文教育课堂教学及实践，主要介绍了四个方面的内容，分别是国际中文教育课堂教学行为研究、国际中文教育课堂语言要素教学方法、国际中文教育课堂教学中的语言操练技巧与策略、跨文化视角下国际中文教育课堂教学实践案例分析；第六章为跨文化视角下海外国际中文教育课堂教学实践研究，分别介绍了海外国际中文教育课堂教学——以坎特伯雷大学孔子学院为例、海外国际中文教育课堂教学优化策略、海外孔子学院国际中文教学与中华文化传播、海外中文教育中的语言教学与中华文化传承四个方面的内容；第七章为跨文化视角下中国境内国际中文教育课堂教学实践研究，主要介绍了两个方面的内容，分别是中国境内国际中文教育课堂教学优化策略、中国境内中文教育基地语言教学与中华文化传承；第八章为国际中文教育教学中的现代教育技术应用，分别介绍了国际中文教育线上教学平台、cMOOC 模式下的国际中文教育教学、远程教育与国际中文教育教学三个方面的内容；第九章为国际中文教育教学展望，分为两个主要的内容，分别是国际中文教育的"国际化""本土化"、国际中文教学：事业与学科。

  在撰写本书的过程中，作者得到了许多专家、学者的帮助和指导，参考了大量的学术文献，在此表示真诚的感谢。

  限于作者水平有限，加之时间仓促，本书难免存在一些疏漏，在此，恳请同行、专家和读者朋友批评指正！

温红霞
2023 年 5 月

目 录

第一章 跨文化与第二语言习得……………………………………………1
第一节 文化与跨文化………………………………………………2
第二节 跨文化交际与文化教学的基本态度和方法………………12
第三节 第二语言习得研究的概念…………………………………15
第四节 中文作为第二语言习得研究的多角度研究………………18

第二章 国际中文教育中的语言理论与要素教学………………………31
第一节 语言理论与国际中文教育…………………………………32
第二节 语言学科分支与国际中文教育……………………………34
第三节 国际中文教育的要素教学分析……………………………41

第三章 跨文化视角下国际中文教育教材资源建设……………………45
第一节 国际中文教育教材的编写和选用…………………………46
第二节 跨文化视角下国际中文教育教材的创新及现代化………53
第三节 海外本土化国际中文教育教材资源建设…………………56

第四章 跨文化视角下国际中文教育的专业人才培养与教师发展……63
第一节 国际中文教育专业教学能力与跨文化交际能力的培养…64
第二节 跨文化视角下国际中文教育专业人才培养与技能训练…69
第三节 跨文化视角下国际中文教师培养与发展研究……………73

第五章　跨文化视角下国际中文教育课堂教学及实践 …… 81
第一节　国际中文教育课堂教学行为研究 …… 82
第二节　国际中文教育课堂语言要素教学方法 …… 89
第三节　国际中文教育课堂教学中的语言操练技巧与策略 …… 94
第四节　跨文化视角下国际中文教育课堂教学实践案例分析 …… 97

第六章　跨文化视角下海外国际中文教育课堂教学实践研究 …… 103
第一节　海外国际中文教育课堂教学——以坎特伯雷大学孔子学院为例 …… 104
第二节　海外国际中文教育课堂教学优化策略 …… 114
第三节　海外孔子学院国际中文教学与中华文化传播 …… 118
第四节　海外中文教育中的语言教学与中华文化传承 …… 140

第七章　跨文化视角下中国境内国际中文教育课堂教学实践研究 …… 147
第一节　中国境内国际中文教育课堂教学优化策略 …… 148
第二节　中国境内中文教育基地语言教学与中华文化传承 …… 152

第八章　国际中文教育教学中的现代教育技术应用 …… 161
第一节　国际中文教育线上教学平台 …… 162
第二节　cMOOC模式下的国际中文教育教学 …… 165
第三节　远程教育与国际中文教育教学 …… 170

第九章　国际中文教育教学展望 …… 173
第一节　国际中文教育的"国际化""本土化" …… 174
第二节　国际中文教学：事业与学科 …… 182

参考文献 …… 189

第一章 跨文化与第二语言习得

　　本书第一章为跨文化与第二语言习得研究，分别介绍了文化与跨文化、跨文化交际与文化教学的基本态度和方法、第二语言习得研究的概念、中文作为第二语言习得研究的多角度研究四个方面的内容。

第一节 文化与跨文化

一、文化

（一）文化的定义

对于文化定义的讨论在国内外曾引起极大的兴趣，延续的时间也很久，对文化概念的表述更是争论不休。但文化到底是什么，至今也没有确切的结论。一般来说，狭义上的"文化"是指人类精神活动中产生的信念、价值观念、习俗、知识等。广义上的"文化"不仅包括精神财富，还包括人类生产生活中所产生的物质财富。

在古代，文化指的是通过教育和道德修养来培养人们心灵的一种方式，与武力相对立。如晋代束广微《补亡诗·由仪》："文化内辑，武功外悠。"[1]《文选》李善注："言以文化辑和于内，用武德加于外远也。"[2] "文"的意义在《易·系辞》中被解释为"物相杂，故曰文"[3]，指的是错综复杂、纹路交错、留下痕迹的含义。随后，"文"逐渐演变成一种装饰审美和道德修养的目标。而"化"则包含了教育、变革和使事物有序等多重含义。所以，"文化"最初指的是将混乱无序的事物进行改进和修缮，使之趋于有序。随着时间推移，"文化"的含义扩展至德行修养和人文教化等引申意义。西方对于真正现代意义上的文化研究始于19世纪后期。文化人类学家爱德华·伯内特·泰勒将文化与文明合二为一，他认为文化和文明是一个综合体，包括知识、信仰、艺术、道德、法律，以及作为社会成员所获得的其他能力和习惯等方面。这种观点强调了个体在社会中获取各种能力与习惯，并将其视作构成整个社会生活方式与价值观念体系的要素[4]。文化并不是某一个人、某一个阶级的专利，而是会以潜移默化的方式影响该文化群体中的每一个人。

---

[1] 陈宏天，赵福海，陈复兴. 昭明文选注：第2册[M]. 长春：吉林文史出版社，2020：14.
[2] 史靖妍. 周易全书[M]. 桂林：漓江出版社，2017：16.
[3] 张振祥. 周易[M]. 北京：民主与建设出版社，2020：11.
[4] 杨剑龙. 文化批判与文化认同[M]. 上海：上海文化出版社，2008.

"综合体"则意味着求同存异、兼收并蓄，是全社会知识、信仰、艺术、道德、法律、习俗等精神文明成果在接触与碰撞中化整为一的结果。不过，这种整体"大杂烩"式的定义受到了一定挑战。有学者认为，这种定义的模糊之处大大超过它所昭示的东西，容易将文化概念带入模糊笼统的困境。文化是由人们编织出来的一张意义之网。文化分析应该超越规律追寻，要通过深入挖掘其中蕴含的意义来进行解释。只有保持深度思考与理解，并以开放包容的态度面对各种文化现象，才能真正领悟文化传递给我们的智慧与启示。另有学者认为，文化影响群体中的每个人，却不等于群体中的每个人对文化有着完全相同的理解和运用。泰勒这种将文化设定于精神层面之上的定义，剥离了物质层面的影响。当然，虽然物质文化并非文化本身，但它是文化行为所产生的结果，并且在塑造和表达文化方面起着重要作用。因此，在定义和研究文化时，我们不能将物质性要素排除在外。只有综合考虑精神层面和物质层面，我们才能更全面地理解和把握一个社会或群体所拥有的丰富多样的文化现象。

不同时期的各界西方学者都对文化做过探讨，人类学家特别是文化人类学家特别重视对文化的讨论，探讨最深的当属阿尔弗雷德·克鲁伯（Alfred Kroeber）和克莱德·克拉克洪（Clyde Kluckhohn）。他们于1952年发表研究文化定义的《文化概念与定义评述》一书，在这本书中，他们汇集了自1871年以来半个多世纪间各学科专家和学者对文化所提出的近300个定义，对"文化"一词的意义进行了具有历史性意义的回顾，并对各种不同的定义进行了评述。根据他们的观点，文化是指由历史创造出来的多样生活方式，包括显性方面和隐性方面，包含合理、不合理甚至无法归类为合理或不合理的所有内容，在某一时期充当潜在行为指南。他们强调了相对性和作为人类行动指南之重要的两方面。尽管该书已经出版超过70年，但其影响力持续至今，直到现在人们仍频繁引用他们的论点。可以说，迄今为止，没有任何一本书能够超越他们关于在文化定义论述方面所做的贡献。

中国学术界对文化的定义存在多样性。有些人给出了较为广泛的定义，比如，思想家梁漱溟的观点是文化是生活的规范，是生活依赖的一切。而也有一些学者持其他观点，认为文化仅包括文学、美术、音乐、哲学和科学等领域。无论如何，文化既是人类创造的精神财富，也是物质财富。由于人性具有共性特征，因此我们能够共享这些财富①。然而正如中国儒家学派创始人孔子所言"性相近也，习相远也"②，所以说，"习相远"造成了文化差异。因此，在达到有效跨文化交际之前，我们必须了解别人的文化，克服文化差异产生的障碍。这对国际中文教育的学生来说尤为重要。

（二）文化的特性

不同学科的学者从各自独特的视角出发，提出了自身对文化的看法。他们努力寻求一个既全面又可以概括所有的定义，尽管每个学科都有其侧重点，但仔细分析后我们会发现，这些定义之间存在着许多共同之处。通过研究这些定义，我们能够更好地理解文化是什么，并认识文化的复杂性。归纳起来，文化的特性大致有以下三点：

1. 文化并非先天所有，而是后天习得

文化是一种传承性的现象，并非通过生理遗传方式获得，而是在后天习得中形成。一个人拥有的文化，并不取决于其种族背景，而是受其所处环境影响。美国文化人类学家基辛（Keesing）指出，通过文化学习，一个婴儿可以成为部落居民、印第安农夫或者纽约曼哈顿公寓里的居民。这表明了个体在接触和融入特定环境时，会逐渐吸收并采纳该环境中独特的价值观、行为模式和社会规范等方面的文化元素③。既定文化就像空气，影响着一个人对语言、习俗、风尚、信仰的习得。

中国的孩子在美国长大，或作为移民的下代，就成了ABC（美国出生的中国人）或banana（香蕉）。这两种说法都强调"黄皮白心"现象，也就是看上去是华人，但一开口、一对话、一看其做人做事的方法，则发现有典型的美国风格。许多在中国出生和成长的中国人，在移民欧美国家多年后，逐渐融入当地文化，人们也称其是"鸡蛋"（egg），即"白皮黄心"。虽然外在的很多表现与当地人无异，但是在文化的深层次上，他们依然是中国人。

2. 文化是人们行动的指南

文化的每一个环节都规定着我们的生活，人们的衣食住行无不在文化的约束

---

① 阮桂君. 跨文化交际与实践[M]. 武汉：武汉大学出版社，2017：4.
② 孔子. 论语[M]. 西安：陕西旅游出版社，2003：4.
③ 李清源，魏晓红. 中美文化与交际[M]. 上海：复旦大学出版社，2012.

之中。心理学家吉尔特·霍夫斯泰德（Geert Hofstede）把文化比作心灵的软件，支配着人们的行动。比如，饮食习惯就是由文化决定的。不同国家的人的头脑中都有一套文化规范，指引着人们在其所在的文化圈内正常生活。

中国人有"送请"习俗。每当身边的亲朋有婚嫁、丧事时都习惯送礼金，为表示新婚重生的意义以及对红白喜事的重视，也会特地准备新钱。在日本，也有办丧事送礼金的做法，但与中国人的不同之处在于，他们准备的钱必须是皱的、旧的，就算是很新的钱也会特地叠皱再送出去。

3. 文化是动态的，文化形态与一定的历史时期相关联

文化是动态的，是一种为了满足人类生存需要而采取的手段，如生存条件发生变化，作为观念形态的文化必然也会发生变化，这是文化可变性的内在原因。

作为国际中文教育教师，在海外任教，需要从文化的这三个特性出发，在课堂以及日常生活中，通过讲解和身体力行，向所在国的人们展示中华优秀传统文化特色，也有意识地宣传现代中国文化发生变化的方面，力求全面地展示整体、真实的中国文化。

（三）文化的分类

文化包含的内容复杂多样，关于文化的分类也不尽一致。以下是最常见的文化分类：

1. 主流文化与亚文化

文化系统内部结构复杂，往往呈现出多姿多彩的内容。在中国，这种情况表现得最为明显。如中国东、西、南、北的口音各异，饮食和穿着也有很大差别。提到东北人，大家会想到他们的豪爽、乐于助人和不拘小节。提到北京人，人们会想到他们的京腔京调。提到中国的 56 个民族，人们会想到不同民族色彩斑斓的服装和具有民族特色的舞蹈。中国幅员辽阔，文化内涵也包罗万象。如果把中华文化称为主流文化（mainstream culture），那些地方性的、群体的、各个民族的文化就是亚文化（subculture）。

亚文化按地区特性和社会特性可以分为两类。按地区划分，中国的关东文化、齐鲁文化、岭南文化、江淮文化都是典型的代表。这些区域都有自己独特的饮食、口音方言以及价值观等。但是，这些文化都孕育在中华文化的母体之中，与这个

母体有着千丝万缕的联系。按社会特性划分，顾名思义，亚文化包含许多社会因素，如性别、年龄、职业、社会阶层等文化特性。

2. 知识文化与交际文化

从文化各要素的功能和特点出发，我们可以将文化分为以下两类：知识文化和交际文化。知识文化是指通过学习和积累所获得的知识体系，包括了人们对于科学、艺术、历史等领域的认知与理解。这种文化形式强调个体的思维能力和智慧，并且在不断地演进中推动着社会的进步。而交际文化则侧重于人与人之间的互动与沟通。它涉及语言、礼仪、价值观念等方面，是一种通过交流来传递信息、建立关系，以及促进社会凝聚力的方式。交际文化注重集体意识和团队合作精神，在多元社会中起到了连接不同群体之间桥梁的作用。这两类文化相辅相成，共同构成了一个完整而复杂的社会系统。知识文化提供了理论基础和智力支持，使得人们能够更好地理解世界并进行创新；交际文化则为个体提供了实践平台和情感支持，使得人们能够更好地融入社会并建立良好关系。

金惠康指出，知识文化主要是指那些不直接对跨文化交际产生严重影响的非语言标志。这种文化知识主要以物质形式呈现，例如，文物古迹、艺术品和实物存在等。而交际文化则是指在跨文化交际中直接产生影响的内容，在语言中隐含着丰富的文化信息。它主要通过非物质形式来实现。[①] 换句话说，知识文化与交际文化都是我们在跨越不同国家和地区进行交流时需要了解和掌握的重要方面。知识文化更多地关注那些可以观察到或感受到的事物，如历史遗迹、艺术作品、实体存在等；交际文化则更加注重语言背后所蕴含的深层次意义和价值观念。当我们进行跨文化交流时，除了学习别国或地区特有的知识性内容外，还需要理解并尊重他们独特的传统、信仰和行为方式。这样才能够建立起真正有效且互相尊重的沟通渠道。

交际文化可以细分为外显交际文化和内隐交际文化。社会习俗、生活习惯和生活方式易于理解与把握，在人与人的交流中，这些要素是最容易被察觉的。因此，我们将它们称为外显交际文化。世界观、人生观、价值观、思维方式、态度情感、民族性格等则称为内隐交际文化。因为这些文化不易被把握，具有更深层的文化内涵。

---

① 赵友斌. 中西文化比较[M]. 长春：吉林人民出版社，2017.

3. 高语境文化与低语境文化

语境是修辞学、语用学中的关键概念，同时也是理解和运用语言的基础和准则。它指的是在特定环境下，词句所具有的含义和表达方式。英文的语境为"context"，《麦克米伦高阶英语词典》对其是这样定义的："the words surrounding a particular word that help to give it its meaning.（围绕一个特定单词的单词，有助于赋予它意义）"[1] 通俗一点儿讲，语境，即言语环境。当人们说话时，总是有特定的听众、时间、地点、场合，并且会有一定的主题和情感色彩，同时也离不开谈话的上下文。这些因素与说话者自身的身份、思想、性格、职业相互结合，形成了语境。语境在语言运用中发挥着重要作用，并成为一种潜在力量。

高语境文化与低语境文化是按照文化对语境的依赖程度划分的。语境是指语言交际中所依赖的背景环境。语境在交际中的作用非常重要。人们都是依赖语境交际的，只不过依赖程度不同。美国人类学家霍尔指出："高语境的交际或信息是指在这类交际或信息中，大多数信息要么存在于自然环境，要么内化于交际者的头脑里，只有极少数的信息是以符号代码的形式清晰而外显地加以传递的。而低语境的交际正好相反，大量的信息借助清晰外显的符号代码来传递。"[2] 低语境文化的国家（如美国、瑞士、加拿大等），人们之间的历史传承差异较大，这就造成共同体验的缺位。

4. 物质文化、制度文化和精神文化

依据文化表现的形式，能够把文化分成物质文化、制度文化和精神文化，即"文化三分法"。

物质文化是指完全由物质作为载体的文化，也就是物化形式的文化。这些物质具有独特的文化特点。例如，北京的四合院、流传下来的笔墨纸砚、景德镇陶瓷、交通工具等都是物质文化的范畴。制度文化是人类为了自身发展创造出来的制度体系，包括所有制、管理机构、国家行政管理体制、法律制度和民间的礼仪习俗等。精神文化又叫"观念文化"，是构成文化意识形态的要素。它是人类认知主客观关系、实现自我完善和自我价值的重要手段。精神文化包括哲学、文学、

---

[1] 麦克米伦出版有限公司. 麦克米伦高阶英语词典 英语版 [M]. 北京：外语教学与研究出版社，2003：27.
[2] 朱风云，谷亮. 英汉文化与翻译探索 [M]. 北京：北京理工大学出版社，2017：34.

艺术、道德、习俗、价值观、宗教等。

5. 公开文化与隐蔽文化

霍尔在《无声的语言》一书中指出，文化存在于公开的和隐蔽的文化中。[①] 公开的文化是能够被观察到和进行有效描述的，隐蔽的文化是不能被肉眼察觉的，哪怕是接受过专门训练的人，都无法轻易察觉。也就是说，公开的文化是易于被人们接受和理解的，如服装、道路、建筑物、饮食、家具、交通工具、通信工具、街道等这些暴露的物质文化都可以称为公开文化。这些文化的特点是直观，文化内涵易于掌握。与公开文化相对的隐性文化是指深层次的文化，这些文化不易察觉和掌握，如风俗习惯、价值观念等。要想知道一个国家、一个民族，甚至一个人有什么样的价值观念，需要通过漫长时间的观察与体验才能得出结论。隐性文化看似对人们的日常生活没有什么作用，但实际上它对每个人都有着潜移默化的深层影响，尤其是价值观对人的影响最大，影响人的世界观、人生观、宗教观、婚姻观、道德观等方方面面。所以，隐性文化是一个人或者民族发展的关键，也是文化的内核和基石。

6. 高层文化、低层文化、深层文化和民间文化

按照文化的层次，可以将其划分为高层文化（high culture）、低层文化（low culture）、深层文化（deep culture）和民间文化（folk culture）。高层文化也称"精英文化"，通常是指比较高雅的文化内涵，如文学、艺术、建筑、宗教等。低层文化是与高层文化相对的文化内容，通常是指一些低劣的、粗鄙的文化内涵，如不文明的话语、不礼貌的行为等。深层文化又称"背景文化"，意指隐而不漏、起决定作用和指导作用的文化内涵，包括思维模式、心理结构、价值取向、世界观、态度情感等。民间文化又称"通俗文化"，通常指与人民大众生活有紧密联系的文化内涵，如生活方式、风土人情、社会准则等。

二、跨文化

文化就是把大自然、内在自然和社会自然变得更符合人类需求的过程。对于一个群体（如民族、国家等）来说，文化是这个群体对大自然、内在自然和社

[①] 爱德华·霍尔. 无声的语言 [M]. 侯勇，译. 北京：中国对外翻译出版公司，1995.

自然进行改造的方式。一个民族总是在不断地改造大自然,例如,开发资源、修建水利设施,以实现本民族对大自然的改造。同时,一个民族也会改造本身的内在自然,即改善本民族的生理基础。比如,我们国家目前正在推行全民免疫计划、大豆工程、全民健身等,均是为了改善我们的内在自然。一个民族的社会自然指与该民族有交往关系的整个世界,主要包括与其他民族之间的交流。显而易见,其他异国文化并不属于本民族文化范畴。当人类群体与其他群体进行交流时,他们也会改变自己的文化,并形成专用于处理与其他群体关系的文化方式。

对于人类群体来说,改造社会不仅是让人们适应社会的规则和习俗,还使我们成为国际社会中积极参与的一员。显然,一个民族的文化既有独特的本土元素,也包含了国际共通的成分。文化的本土元素就是关于我们自己民族观念、行为等方面的文化特点。而文化中国际共通的成分则表现在不同文化群体之间交流时所涉及的价值观念、生活方式以及制度等方面。这种跨越不同文化群体之间进行的交流互动被称为跨文化交往。作为各种文化相互联系和影响下产生出来的形式,跨文化交往与人类文明发展息息相关,并且它正是人类文明发展过程中必然存在并持续演变的一部分。

正如马克思所言,每个人都是社会的一部分。我们的存在与社会息息相关,而我们的集体意识也在证明着我们作为一个群体的存在,并且在普遍性中以思维者的身份自主地存在着。[①] 人无法孤立地存在于天地之间。人的社会性决定了交往是不可避免的。德国作家哈贝马斯也指出,"人总是社会的个体,不能没有'交往行为',不能脱离各种交往关系,而必须生活在'交往行为'所构成的网络中"。换句话说,人就是"交往行为"及其所衍生出来的各种形式中的一个重要组成部分。[②]。

个人间的社会交往是将个体与社会联系起来的重要方式,也是实现个人社会化必不可少的条件。而不同民族间的跨文化交流,则是各民族之间建立互动关系、促进本民族国际化发展的关键环节,这正是跨文化交流的核心意义所在。通过不同文化群体间的跨文化交流,推动了人类社会的进步,而社会进步又促进了更多

[①] 赵敦华. 马克思哲学要义 [M]. 南京:江苏人民出版社, 2018.
[②] 陈学明. 哈贝马斯的"晚期资本主义"论述评 [M]. 重庆:重庆出版社, 1993.

的跨文化联系和合作。因此，在全球化时代，加强跨文化交往具有重要意义，我们应该积极主动地推动这项工作的进行。

马克思曾指出，随着社会的发展，各个民族之间相互影响的范围也在不断扩大。这种扩大是由于生产方式和交往方式的日益完善，以及因此而自发形成的各民族之间分工的增加。原本封闭自守的状态逐渐被消除得更加彻底。正因为如此，历史也在越来越大的程度上成为全世界共同拥有的历史。[1] 马克思通过对现代工业的发展进行分析，揭示了社会发展对人类社会跨文化关联的推动作用。他指出，现代工业的出现首次在世界历史上开创了新纪元，因为它使得每个文明国家以及这些国家中的每一个人都依赖于整个世界来满足自身需求。这一变革消除了过去各国之间孤立的状态，打破了自然形成的隔阂。[2]

从人类学近代以来对原始部落的研究能够发现，一个文化群体在与其他文化进行交流和互动的过程中，实现了本群体的国际化。这种国际化不仅促进了该群体自身文化的发展，也为整个人类社会带来了积极影响。随着社会的不断发展，推动跨文化交流的技术也日益便捷。2000多年以前，人们进行社会交往所依赖的技术主要是鼓声、烽火和快马传递信息。1000多年以前，八百里加急的快马已经成为人们沟通交流的重要工具。然而，在当代社会中，借助电子技术实现同步交流已经成为现实。如今，不同文化群体之间越来越紧密、深入地相互关联。这种关联已经达到了全球范围内新产品同时发布、新技术共享等程度。正是由于人类之间跨文化关系的增强和拓展，因此推动了整个人类社会向更高层次发展；同时，人类社会发展又进一步巩固和加强了人类之间的跨文化关系。

跨文化交往中的关联形式主要有两种表现方式。

第一，不同文化群体之间会形成各种积极的相互关联形态，旨在促进各自的发展并加强彼此之间的交融。这些积极形态包括跨文化的认知、交流、借鉴和吸收等。通过相互了解和学习，不同文化群体可以共同进步，消解和减弱跨文化冲突。

第二，最理想的情况是在平等互利的基础上建立起相互尊重、宽容以及欣赏

---

[1] 杨昌儒，孙兆霞，金燕. 贵州民族关系的构建[M]. 贵阳：贵州人民出版社，2010.
[2] 孙伯鍨，张一兵. 走进马克思[M]. 南京：江苏人民出版社，2019.

多样美好之处，并追求共存与共同发展。在这种情境下，不同文化之间能够实现真正意义上的共融与繁荣。我们应该珍视每个人所持有的独特文化，同时也要尊重其他文化的存在，以实现跨文化交往的和谐与进步。

　　在跨文化交往的情境下，教师应该选择那些能够促进积极跨文化交流和理想跨文化互动的文化元素，这是跨文化教育的核心。根据以上分析，在跨文化教育学术领域中，文化具有民族性和国际性的成分。其中，国际性成分指涉人类关于本民族与异族之间的价值观念、行为方式和制度等方面的跨文化交流；积极的跨文化交往成分以及消极的跨文化交往成分也都包含在了文化中。我们可以通过学习来掌握不同民族的文化，并将其运用到自己所处的跨文化环境中。一个民族在进行跨文化交往时会对本身发展产生影响，同时也会对其他民族甚至全人类产生影响。因此，在推动全球社会发展过程中，重视并加强跨文化教育显得尤为重要。

第二节 跨文化交际与文化教学的基本态度和方法

一、跨文化交际与文化教学的基本态度

（一）反对文化沙龙主义

对自己国家的文化要有深刻的理解，要客观、真实、公正，中国文化灿烂、辉煌，教师应该给学生一个客观的形象，教师的客观能建立学生的信任感，信任关系的建立对教学是有利的。

（二）注意文化教学内容的现实性和可接受性

在向学生呈现现实文化风貌时，我们要寻求那些包含人类共同感情的元素来介绍中国文化。我们不应该把中国文化强加于学生，而是要尊重他们的个体差异和多样性。因此，在呈现中国文化时，我们需要注重选择那些能够引发学生共鸣并促进跨文化理解与交流的方面。

教师要有一个宽容的文化观。中国文化本来就是在兼容并包、博采众长中发展起来的。中国历史上就接受了大量的外来文化，唐朝的开放气度使它成为当时世界上最先进的国家。而在中国历史上，由于宗教、文化冲突而导致战争的情况并不多见，这跟世界上其他国家的情况很不相同。今天中国的巨大成就得益于改革开放，所以，我们要以一个更开放的态度对待外来文化。

同时，我们在大是大非的问题上要坚持原则，对一些不能接受的观点和文化也要坚决抵制，我们要旗帜鲜明，维护国家民族利益。

（三）具备跨文化交际的意识

跨文化交际与文化教学要注意对文化差异的认识，尊重不同的文化，理解和宽容由于文化不同带来的冲突。

对教师而言，对不同文化的学习者进行中国语言文化的教学，要特别注意学生的文化背景，要对学生国家的法律规定、价值观、风俗文化、宗教信仰、语言

与沟通的方式有所了解。同时，教师要具有较强的跨文化交际能力和灵活处理问题的能力。教师不能以自己文化的立场和价值观为标准去评判别人的文化，要充分尊重文化的多元性。

在这样的情况下，教师就要根据学生的实际情况，有效地、正确地传播中国文化，使学习者对中国拥有一个正确的认识。

二、跨文化交际与文化教学的方法和材料

（一）应用现身说法和对比法启发学生思考

教师应正视由于文化不同而产生的偏见乃至冲突，正确应对，而不是选择忽视或逃避，比较好的做法是，教师应先行预想到可能出现的问题，准备比较合适的回答，在回答中以个人作为例子现身说法，拉近与学生的距离。因为教师就是一个中国文化的代表，而且是一个正面的代表。对比的方法往往也能起到非常好的效果。一些国家的美食，如蜗牛、昆虫等，在另一些国家人的眼里却很可怕，其实都是文化差异造成的。要了解这些差异并将其适当地运用到教学中去，引导学生进行思考，了解到自己文化中的某些做法对其他文化来说也是很难理解的，这样就能建立起跨文化交际的意识。教师要"能自觉比较中外文化的主要异同，并应用于教学实践"。

（二）教材应多采用当代的内容

教材的内容应做到"三个平衡"。

1. 传统文化与现代文化的平衡

古代文化固然重要，但文化教学的内容应该和现实生活紧密结合，否则文化教学就失去了重要的意义。文化教学要做到"学以致用"。假如，教材中包含许多能引起学生兴趣的时代话题，并且这些话题具有实用性，那么学生会更加喜欢这些教材，因为他们可以将所学知识应用于实际生活中。

2. 知识文化与观念文化的平衡

这也可以说是知识和理解的平衡。记住大事年表、年节习俗由来、名人生辰功绩乃至城市的特产是需要的，但我们更希望学习者对中国文化的精神、中国人

的价值观有所了解，了解中国人交际文化产生的根源，起到追本溯源的作用。教材中要注意引导学生思考和观察中国文化在日常生活中的表现，而不是仅记住某一个年代和人物。

3.语言技能和文化内容的平衡

中文教材，不论是语言教材还是文化教材，都应该十分关注学生的语言能力和接受程度，尽可能降低语言难度。理想的教材应能有效地提高学生的语言交际能力，又能让学生从中学习到目的语中蕴含的文化，并能实际运用。

此外，为了让学习者更好地理解、巩固、应用跨文化交际知识与技能，教师需要结合学习者的学习水平、特点、教材内容安排来设计练习。这样做可以确保教材的有效性，并且使学习过程更加有针对性。

第三节　第二语言习得研究的概念

第二语言习得研究的基本概念是了解和探讨该领域基本理论的基础。然而，即使这些基本概念，学者的观点也并非完全一致。因此，在进入第二语言习得研究理论探讨之前，我们有必要对这些入门概念作一些阐释，从而避免一些概念混淆。

一、"第一语言"与"第二语言"的含义

"第一语言"指的是学习者的母语或本族语，即他们在成长过程中最早接触和习得的语言。尽管有时候学习者的第一语言可能并非他们的母语或本族语，但大多数情况下这两者是相同的。当我们提到"第一语言"时，主要考虑的是学习者掌握不同语言所花费的时间顺序。而"第二语言"则指除了学习者母语之外所掌握的其他任何一种新语言。从时间上来看，学习者首先会接触掌握母语，其次才会开始学习其他新的外部语言。因此，"第二语言"的获得通常发生在母语掌握后。此外，部分学习者学习了母语后，先后或同时习得了两种以上的其他语言，如第三语言、第四语言，但为方便起见，一般统称为"第二语言"，尽管第三语言或第四语言的类型和习得过程有所不同。

当我们从语言习得的时间顺序来称第一语言和第二语言时，这对概念的分别与学习者所在的语言习得的环境不存在必然关联。美国儿童学习掌握了母语后再学任何一门语言，比如说法语，无论在美国学法语还是在法国学法语，对学习者而言，都是第二语言。换句话说，美国儿童习得英语之后又学习法语，并不会因为习得环境不同而改变法语作为第二语言的习得顺序。尽管在美国学法语和在法国学法语的最终结果会有所不同。

二、"习得"与"学习"的区别

"习得"与"学习"在第二语言习得研究中是相对的一组概念。学者用这组概念区分两种语言获得的过程、方式、知识类型。但也有学者并不刻意区分这两

个概念，而把二者作为可以交互使用的概念。

　　成年人能够用两种不同方式掌握第二语言。一种是依靠"习得"方式，类似于儿童母语自然获取的过程。另一种是依靠"学习"方式，一般情况下是在课堂上进行，也就是通过教学来掌握第二语言。大部分成年人学习第二语言是通过学习方式获得的。

　　从心理过程角度看，习得一般是在自然状态下"下意识"地获得语言（潜意识学习），而学习则更多地强调"有意识"地获得语言（有意识学习）。就所获知识类型而言，通过习得所获得的是"内隐的语言知识"，简单说就是对某个事物了解其存在但无法解释原因或规则的知识。而通过学习所获得的则是"外显的语言知识"，这样的知识可以用口头表达出来。因此，研究者通常用"pick up a language"来描述语言习得过程，就像儿童那样无意地、轻松地掌握一门新语言。而对于语言学习，则被认为是在了解某种语言的基础上进行，即"knowing about a language"，并不是简单地掌握一门语言。

三、"第二语言习得"与"外语习得"的区别

　　第二语言习得和外语习得是两个不同的概念，尽管它们都涉及学习一门非母语的语言。第二语言习得指的是在一个人已经掌握了自己的母语之后，再去学习一门新的语言。而外语习得则是指在一个人还没有完全掌握自己的母语之前，就开始学习一门新的非母语。首先，第二语言习得和外语习得在时间上有所不同。通常情况下，人们会在儿童时期开始接触并掌握自己的母语。当他们成年后，可能需要学习一门或多门其他非母语作为第二或第三种工具性交流方式。这时候他们已经具备了较强的认知能力和思维能力，并且可以通过比较、分析等方法来帮助他们更好地理解和运用新学到的第二种或者更多种类别的中文文章。其次，在教育环境方面也存在区别。对于外国人来说，他们通常会选择参加正规课程或者雇佣专业教师来学习目标国家（中国）的文化与历史背景以及该国家（中国）的主要语言。而对于第二语言习得者来说，他们可能会选择参加一些培训班或者自学，以提高自身在特定领域的交流能力。此外，第二语言习得和外语习得还存在着心理上的差异。对于外国人来说，学习一门非母语是为了更好地适应目标国家

（中国）的生活和工作环境。因此，在学习过程中他们通常会有较强的动机和积极性，并且愿意投入更多时间和精力去学习。而对于第二语言习得者来说，他们已经具备了一个稳定的社会身份，并且只是希望通过掌握一门新的非母语来扩大自己在职场或社交圈中的影响力。最后，第二语言习得和外语习得也存在着不同的难度。由于儿童时期大脑发育迅速、吸收能力强，并且不受太多固有思维模式限制，所以他们更容易掌握新的知识和技能。相比之下，成年人在学习新东西时往往需要克服一些困难和挑战。

后来主要是依据学习者语言习得环境来区分第二语言习得和外语习得。但是，有学者认为，这两个概念指的是两种不同的语言习得环境，而不是两种不同的语言。"第二语言习得"与"外语习得"的概念与语言习得的环境无关。这是因为美国人在法国学习法语，法语是作为第二语言在第二语言环境下习得的。同样，美国人在美国学法语，法语依然是学习者的第二语言，只不过是发生在外语习得环境。这样就能够避免将"第二语言习得""外语习得"与"第二语言环境""外语环境"混淆在一起。当然，区分两个概念是很有必要的，因为在两种语言环境下的语言习得在学什么、怎么学以及最终语言习得的结果有很大差别。

第四节　中文作为第二语言习得研究的多角度研究

自 20 世纪 80 年代开始，第二语言习得研究受不同理论的影响，形成了许多不同的研究领域。这些研究领域反映了第二语言习得研究不同的理论视角。如语言学视角（UG approach）、社会语言学视角（sociolinguistic perspectives）、认知视角（cognitive approaches）以及社会文化视角（sociocultural perspectives）等。

一、中文作为第二语言习得研究的语言学视角

在第二语言习得研究领域，我们主要从语言学的角度来探讨第二语言习得。这种语言学视角主要涉及两个方面：一是基于语言类型学和语言学家乔姆斯基的普遍语法理论，二是从普遍语法的角度来研究第二语言习得。由于乔姆斯基的普遍语法理论对第二语言习得产生了重大影响，因此下面我们将重点介绍在普遍语法理论框架下进行的中文习得研究。

（一）基本概念和相关理论

1. 什么是普遍语法

20 世纪 60 年代末至 70 年代初，"普遍语法"一词被赋予了一个特定的定义，即由一系列原则、条件和规则所构成的系统。这个系统旨在描述人类语言中普遍存在的结构和模式，以及它们之间的关系。换句话说，普遍语法是对各种语言共同特征进行归纳总结并加以解释的理论框架。通过研究普遍语法，我们可以更好地理解不同语言之间的相似性和差异性，并揭示出人类思维与表达方式之间深刻而奇妙的联系。到了 20 世纪 80 年代，乔姆斯基又提出了"管辖与约束理论"，认为人类的语言是由"原则"和"参数"构成的。普遍语法的原则是恒定不变的，适用于所有的语言。对于学习者而言，原则是先天的，是不需要学习的。参数是一种由有限数值构成的设定，不同参数的设置导致了不同语言之间的差异。乔姆斯基提出的这一理论对第二语言习得研究产生了深远影响，许多第二语言习得理论都是在原则和参数理论基础上建立起来的。20 世纪 90 年代，乔姆斯基的普遍

语法理论又发生了重大变化，提出了"最简方案"（minimalist programme）的思想。乔姆斯基认为，人类语言的核心就是"词库"，它由两个部分组成：一是"词汇语类"，二是"功能语类"。简单来说，词汇语类包括实际意义的词汇，比如，名词和名词短语、动词和动词短语等；功能语类则包括指示性的词汇、助动词以及抽象的语法特征，例如，时态和主谓一致等形式上的特点。在最简方案中，普遍语法的参数被归入功能语类。自从提出最简方案后，基于这一理论框架进行的第二语言习得研究也随之涌现出来。

2. 第二语言习得的逻辑问题

第二语言习得中的逻辑问题与儿童母语习得中的逻辑问题有着相似之处。一些学者认为，儿童获得语言能力并不仅仅依赖于有限的外部语言输入。简单来说，儿童不可能只是通过模仿父母或其他成年人的语言而习得目的语的规则系统。一方面，这种外在的语言输入是贫乏的；另一方面，儿童在认知水平较低的情况下，很难习得抽象的语言知识。那么，得出的必然结论就是儿童语言能力的获得只能依赖先天的语言习得机制，如果没有普遍语法这种天生的生物遗传属性，儿童是不可能学会说话的。这就是"学习语言的逻辑问题"。那么成年人学习第二语言时是否也面临同样的逻辑问题呢？答案是肯定的，因为他们要想掌握第二语言知识，就必须通过接触到的语言输入来获取，或者说这些知识已经存在于他们的大脑中。第二语言学习者和儿童母语习得一样，依赖先天的语言习得机制习得第二语言。但是，第二语言学习者所面临的"逻辑问题"与儿童母语学习者存在根本上的差异，因为二者的语言能力在本质上是不同的。即使部分成人第二语言学习者可以依赖先天的语言习得机制达到母语者的水平，但是大多数人仍然达不到母语者的水平。

3. 普遍语法的"可及性"问题

普遍语法是指人类共同的语言能力，存在于每个人的大脑中，并且在儿童母语习得和成人第二语言习得过程中发挥着重要作用。然而，关于普遍语法的"可及性"问题，目前存在着三种不同的观点。

第一种观点认为，普遍语法适用于儿童母语习得和成人第二语言习得。根据这个观点，无论是儿童还是成人，在学习一门新的语言时都会依靠他们已经掌握的普遍语法知识。这意味着无论年龄大小，我们都具备了理解和运用各种不同类型句子结构、词汇规则等方面的能力。

第二种观点则认为，普遍语法对于成人来说是不可及的。根据这个观点，只有在婴幼儿期才能完全掌握并利用普遍语法进行母语习得。一旦错过了这个关键期，成年人就无法再像孩子那样轻松地学会新的语言规则和结构。

第三种观点认为，对于成人第二语言学习者而言，普遍语法的可及性是有限的。也就是说，成人在学习新的语言时可能会受到一些限制，无法像儿童那样完全掌握和运用普遍语法。然而，在某些方面，成人仍然可以通过系统学习和练习来提高他们的语言能力。

事实上，不同的研究结果分别支持了这三种观点。一些研究表明，在母语习得过程中，儿童确实利用了普遍语法知识，并且能够轻松地理解和产生各种复杂句子结构。而其他研究则发现，在成人第二语言习得过程中，尽管存在一定难度和限制，但仍然可以通过积极学习和训练来提高他们的语言水平。

上述观点都有各自的实验依据，但这些研究都仅描述了问题的一个侧面，因而难以形成共识。因此，关于普遍语法的可及性问题还需要通过多侧面的实验研究做进一步的探讨。

（二）基于普遍语法的中文习得研究

以前，基于普遍语法的中文习得研究的数量相对较少。近些年对这个领域的研究逐渐增多，主要集中在三个方面：一是围绕普遍语法的原则和参数问题探讨中文学习者某些原则和参数的习得研究，二是围绕功能语类问题的中文习得研究，三是检验"界面假说"（interface hypothesis）的中文习得研究。

20世纪80年代的"管辖与约束理论"对中文习得研究影响很大，许多中文习得研究建立在这一理论基础上。管辖理论，阐释的是管辖（governor）与被管辖成分之间的句法关系。如动词管辖名词性宾语（He likes me），介词管辖名词性成分（He spoke to me），即介词宾语是宾格名词性成分。约束理论则是阐释回指成分或代词与其先行词的关系。如"张三觉得李四对自己没有信心""张三觉得李四对他自己没有信心"中第一句的简单反身代词"自己"既可以指"张三"也可以指"李四"，第二句中的复合反身代词"他自己"只能指"李四"。这两个句子中的反身代词不同，与其先行词"张三"的指称和约束关系也不同。

普遍语法理论认为，人类天生具备一种与生俱来的语言能力。这种能力使得我们能够在婴儿期就开始学会并掌握自己所处环境中的语言。然而，不同的语言之间存在着很大的差异。因此，研究者开始关注如何解释这些差异以及它们对于儿童母语习得过程的影响。在中文习得研究中，基于"界面假说"的观点被广泛应用。该假说认为，人类语言处理系统由多个模块组成，包括音韵、句法、意义等方面，并且这些模块之间通过接口进行交互。换句话说，在我们使用和理解语言时，并不是单纯地将思想转化为声音或文字形式，还需要考虑到各个层面之间的相互作用。在中文习得过程中，"界面假说"提供了一种解释框架。例如，在音韵层面上，中文的声调系统对于词义的区分非常重要。儿童在学习中文时需要准确地掌握每个字的声调，并且能够将不同声调组合成有意义的词语。这一过程涉及音韵模块和句法模块之间的交互。此外，在句法层面上，中文与英语等其他语言存在着很大差异。例如，中文是一种主谓宾结构较为简单的语言，而英语则更加注重主谓宾补结构。因此，在学习中文时，儿童需要逐渐掌握这些语法特点，并且能够正确地将之运用于实际交流当中。在意义层面上，"界面假说"也提供了解释儿童如何理解和表达含义的框架。在学习过程中，儿童需要通过接触真实环境来建立起词汇和概念之间的联系，并且能够将其转化为具体的表达方式。

（三）研究方法与评价

基于普遍语法的中文习得研究，在研究方法上和其他语言作为第二语言的习得研究一样。首先，根据普遍语法理论形成第二语言习得理论假说。根据普遍语法原则和参数理论，有学者提出第二语言习得的过程就是"参数重设"（parameter resetting）的过程。如不同语言类型在"中心语参数"的设置上存在差异，中文说"我吃饭"，日语说"我饭吃"。中文动词短语的中心语"吃"在前（head initial），日语动词短语的中心语则在后（head final）。因此，日本学生要习得正确的中文语序，就必须对其母语的参数重新设置。研究者通过实证研究来检验这一假设对中文作为第二语言学习者而言是否成立，即是否可以通过参数重设的假设来解释第二语言习得的过程和机制。

基于普遍语法的第二语言习得研究，基本上都是采用学习者对第二语言的语法判断这种研究范式来考察学习者的语言习得过程。采用这种语法直觉判断的方法，与普遍语法对学习者语言能力的理论假设密切相关。学习者的语言能力，即"心理语法"（mental grammar），是一种内隐知识，这种内隐知识的获得是第二语言习得的最终目标。因此，语法直觉判断是考查学习者语言能力的重要方法。当然，有一些学者对这种研究范式提出了质疑。他们认为早期基于普遍语法的第二语言习得研究过于依赖语法判断的方法，缺乏纵向研究。因此，我们无法确定通过语法判断所获得的是内隐知识还是外显知识。但是，现在这一领域的研究已经不仅仅限于这种研究方法，而是与实证研究相结合，研究的理论和方法也在不断更新。

二、中文作为第二语言习得研究的社会语言学视角

基于社会语言学视角的第二语言习得研究，大致可以分为两个方面：一是第二语言学习者语言变异的研究；二是从更为宽泛的社会环境因素来考察第二语言学习者的语言习得过程，如"语言社会化"（language socialization）研究、跨文化认同研究等。

（一）中文学习者的语言社会化研究

1. 什么是语言社会化

语言社会化的一个基本观点是语言和文化并不是截然分开的，无论是母语习得还是第二语言习得，语言和文化都是一起习得的。有学者认为，语言知识和社会文化知识是相互依存的。学习者的一个基本任务就是在习得语言形式的同时习得相关的意义和功能，而这些意义和功能在很大程度上是依据社会文化构成的。一方面，语言知识寓于社会文化知识之中；另一方面，社会文化知识的理解与阐释在很大程度上是通过语言媒介来实现的。有学者甚至认为，语言社会化与学习者语法能力的发展也密切相关，在每个社区，语法形式与其运用的社会文化环境以及语法形式的表征意义，对儿童有关这些语法形式的理解与产出产生影响。

学者的观点反映了这样一种共识，即语言社会化就是将学习者语言能力的发展和社会文化发展联系在一起，因为至少儿童母语知识的习得同时伴随着与母语知识相关的社会文化规范的习得。但是，第二语言学习者第二语言的习得并不一

定伴随着目的语社团的社会文化规范的习得。有可能是学习者所处的外语习得环境使然，也有可能是语言教学方法使然。比如，强调规则操练和强化的听说法，在某种程度上将二者分离。因此，有学者呼吁应该提出一种更为完整的语言习得理论，将第二语言习得的认知过程和社会过程结合在一起，目的是使第二语言学习者在习得第二语言的同时实现语言社会化。

2. 中文学习者语言社会化相关研究

语言社会化研究作为一个新的研究领域，最初源于儿童母语习得，如萨摩亚西部和巴布亚新几内亚儿童的语言社会化研究。学者发现，不同文化和族群儿童的母语习得及其相伴随的语言社会化过程存在较大的差异。随着应用语言学领域的"社会转向"，儿童母语习得的语言社会化理论引起第二语言习得研究领域的兴趣。但第二语言习得研究领域关注的主要是第二语言课堂教学中学习者的语言社会化问题。

有学者以美国华裔中文学习者为研究对象，从学习者运用中文请求策略的角度，考察学习者语言社会化的进程。该研究发现，不同中文水平对中文学习者非规约性间接策略的使用有显著影响，即高水平的中文学习者更多地使用非规约性、间接的请求策略。作者认为，这一结果，一方面可能与学习者的态度有关，即持积极态度的学习者更倾向于少用直接策略，更多地使用非规约性策略；另一方面持积极态度的学习者会更加注意暗示和言外之意的理解和使用，从而体现了学习者社会文化知识的积累。统计分析表明，持积极态度的中高级中文学习者语言社会化的程度，与初级中文学习者相比，并没有显著的提高。造成这种现象的原因是高水平中文学习者可能会更加刻意地增加非规约性策略的使用，但是，由于海外中文学习者的中文习得缺乏真实的语言环境，因而在一定程度上影响了他们的语言社会化进程。

3. 语言社会化研究的方法

语言社会化研究根植于早期的儿童学习说话的纵向的人种学研究。这类研究通过学习者在以特定文化构成的语言运用情境中语言使用的观察和描写来考察其语言社会化进程。因此，这种研究多采取纵向的观察和质性分析。通过考察儿童与保姆的会话发现，北美中产阶级的白人阶层几乎从儿童一出生就把他看作会话的同伴，而在萨摩亚，儿童并不会被看作会话的同伴。儿童教育的方式也不同，白人阶层通过会话来扩展儿童语言的能力,通过交际来帮助儿童澄清常规的交际话语。而在巴布亚新几内亚,成人很少帮助儿童去澄清不理解的话语。由此可以看出,儿童与保姆的会话这种教育方式本身就是由特定文化构成的。

在第二语言习得研究领域,由于第二语言课堂教学常常缺少特定文化构成的语言运用情境,因此教师在课堂常常通过目的语社团的言语交际习俗和习惯的教学让学习者掌握恰当和得体的目的语规则。在中文学习者语言社会化研究中,已有研究基本上是通过特定的交际活动,或者创设特定的交际情境和语用环境,引导学习者学习特定的中文语用规则,如请求策略、间接言语行为等。而在研究方法上,通常采用问卷和话语补全等方法来考察学习者的语言社会化进程。

(二)中文学习者跨文化认同研究

1. "认同"的含义

"认同"(identity)一词有多重含义,它既指"同一性"也指"独特性"。这解释了个体与他人或群体的相似和相异两层关系,即指明了自己和一些人有何共同之处,以及自己和他者有何区别之处。认同,既包括主观上自己对"你是谁"的认识,也包括客观上自己所属的群体。此外,认同包括很多类型,如身份认同,即"你是谁",同时也包括社会认同、族群认同、个人认同等。在第二语言习得研究领域,研究第二语言学习者的认同主要借鉴了社会心理学中的"社会认同"概念。社会认同是指个体意识到自己作为某一群体成员所拥有的资格,并且对这种资格在价值和情感上的重要性有所认知。在中文习得研究领域,学者更为关注的是中文学习者对目的语社团的语言、文化、族群与价值观的认同,特别是中文学习者的"跨文化认同"(cross-cultural identity)和"超越文化认同"(trans cultural identity)的研究。第二语言习得研究领域之所以关注学习者的认同研究,是因为学者发现第二语言学习者对第二语言的态度、动机,以及认同这些社会因素和情感因素将会对第二语言习得产生重要的影响。

2. 中文学习者跨文化认同的相关研究

中文学习者的语言文化认同研究,就研究对象而言,主要分两大类:一类是关于华裔中文学习者的认同研究,另一类是关于非华裔中文学习者的认同研究。之所以这样区分,是因为华裔和非华裔中文学习者面临完全不同的语言、文化、族群和价值观等方面的认同问题。华裔中文学习者作为一个特殊的群体，在移居国的主流社会要应对两种截然不同甚至相互矛盾的生活方式：一方面，他们必须应对母语族群语言文化传承所带来的压力；另一方面，他们也需要尽快融入主流社会，以免被视为与众不同。换句话说，华裔中文学习者既要面对华裔族群的认同，又要面对主流社会族群的认同，即"双向认同"的问题。因此，在中文习得研究领域，中文学习者跨文化族群认同成为学者关注的重要领域。

为此，有学者从来华经历、中文水平，以及学习态度和动机等不同角度考察了这些社会和情感因素对中文学习者跨文化认同的影响。研究发现，有来华经历对美国中文学习者在语言、文化和族群认同上比无来华经历的中文学习者认同程度更高，但在价值观认同上则无影响。此外，不同国别的中文学习者的态度和动机对其语言、文化、族群和价值观认同也存在不同程度的相关关系。

上述研究的意义在于，跨文化认同或超越文化认同作为一种社会因素和情感因素，对中文学习者，尤其是华裔中文学习者的中文习得具有潜在而又深远的影响。

3. 跨文化认同研究的方法

目前的跨文化认同研究，大多采取"多维文化适应量表"的问卷调查方法。这种多维文化适应量表为考察双向认同提供了可选择的空间。因为双向认同研究不仅要考察第二语言学习者对母语语言或文化的认同，而且还要考察学习者对目的语语言或文化的认同。但是，这只是作为一种测量和调查工具，跨文化认同研究需要在适当的理论框架下进行考察，并选择适合的研究方法。

三、中文作为第二语言习得研究的认知视角

当代认知心理学包括"信息加工取向"和"联结主义取向"。在这两种理论取向的影响下，中文习得研究形成了两种不同的研究领域，即基于信息加工理论的中文习得研究，以及基于联结主义的中文习得研究。

（一）基于信息加工理论的中文习得研究

信息加工理论产生于 20 世纪 70 年代。该理论把人的心理过程看作类似计算机的符号加工器。这些符号加工器控制着语言心理表征的建构、语言输入和输出

等加工过程。在第二语言习得研究领域，有三个关于信息加工的重要假设。一是人的认知结构是由"表征"（representation）和"通达"（access）构成的。表征是指存储在人脑中的知识，语言表征主要是由语音、词汇、语法、图式等知识构成的。通达是指在言语理解与产出时对存储在人脑中的知识进行检索、提取的加工过程。二是信息加工有两种不同加工机制，即自动加工和控制加工。母语者的言语交际大都是自动加工，而不熟练的第二语言学习者的言语交际则更多采取控制加工。三是认知加工的资源，如注意和记忆资源是有限的。由于这种资源有限，言语交际的自动加工需要较少的注意资源，控制加工则需要更多的注意资源。基于信息加工理论的第二语言习得研究，基本上是在上述理论框架下探讨学习者语言习得和语言认知加工的过程和机制问题。

1. 中文学习者心理表征的研究

在中文习得研究领域，学习者关注较多的是中文学习者声调表征问题。声调表征的研究，通俗地说是研究中文声调知识，如声调的音高、重音等声学特征以及音位特征在学习者大脑中是如何建立的。声调表征的研究，可以揭示学习者中文声调习得的心理过程和加工机制。这种研究大都采取实验语音学和认知实验研究相结合的研究方法。研究发现，初级水平的美国学习者已经具有明确的声调范畴，声调识别能够达到较高的正确率。但在词汇加工中，声调的音位表征远未形成。原因是声调范畴的知觉和音位表征是两个相对独立的层面，抽象的音位表征的建立对中文学习者而言更为困难。但是，中文声调关键性声学信息的感知对声调音位表征建立将产生直接的影响。

2. 关于中文学习者心理词典的研究

"心理词典"（mental lexicon）是包含所有词语信息的心理知识系统。这些知识包括词的发音、形态和句法以及语义信息等。这些知识构成了学习者的心理词典。在心理词典中，词语之间是按照语义网络的方式组织在一起的。语义相近、相关的词更容易被激活。因此，研究者通常采用词汇联想测试的方法考察中文学习者心理词典的结构和组织方式。通过心理词典的研究，可以发现学习者中文词汇的形、音、义各种信息的表征是如何建立的。词汇联想实验包括聚合反应、组合反应、语音反应和无反应。聚合反应是指刺激词和联想词之间属于同类词，如

"大—小""父—母"等。组合反应指刺激词与联想词具有先行句法关系或搭配关系，如"大—苹果""环境—污染"等。语音反应指那些与刺激词仅在语音上的联想反应，如"dog—bog"等。在母语者心理词典中，聚合反应和组合反应是最常见的组织信息方式。这两种方式与语义关系密切相关，因此，需要更深入地进行加工。相比之下，语音反应和无反应与语义没有联系，所以，它们的加工水平较低。

研究发现，随着中文学习者语言水平的提高，他们在处理语言时表现出了一些明显的变化。他们在聚合反应和组合反应方面的能力不断增强，而语音反应和无关反应则逐渐减少。此外，在中文词汇理解和产出方面，中文学习者之间存在着加工深度上的差异。对于产出性词汇来说，他们展示出了较高的加工深度；对于理解性词汇来说，则呈现出相对较低的加工水平。一些学者进一步发现，在中文学习者心理词典中所存储的词汇主要以语义关联为主导。其中，在中级水平学习者当中，聚合关联占据了主导地位；初级学习者则在聚合和组合关联方面保持了相当比例。与英语学习者相比，中文学习者的词汇关联中，汉字字形关联多于字音关联，而且语块形式的关联较多，反映了中文学习者心理词典结构组织方式的差异和特点。

3. 伴随性词汇习得与词汇通达研究

"伴随性学习"（incidental learning）与"刻意学习"（intentional learning）相对。二者的区别在于，伴随性学习是在刻意注意条件下的学习。如要求学习者完成阅读理解任务，事后测试学习者对某些词语的理解，但事先并不告知学习者阅读后要对词语测试。而刻意学习则明确告知学习者在阅读中要刻意注意生词，读后对这些词进行理解测试。在中文习得研究领域，学者关注较多的是伴随性词汇习得，目的是考察学习者在伴随性学习条件下的词汇习得是否比刻意的词汇学习效率更高。结合眼动技术，并通过设置不同的语境任务考察前后语境位置以及语义提示词（同义词/反义词）可研究中文学习者词汇习得的影响。语境对词语学习有显著影响，前语境句子的整句注释时间明显短于后语境句子，同义语境句子的整句注释时间明显短于反义语境句子。结论是前语境和同义语境更利于目标词的学习，即在上下文语境条件下，伴随性词汇习得有助于阅读过程中的词汇习得。

关于词汇通达研究，关注的主要问题是学习者在言语理解与产出过程中，以何种方式检索和提取词汇知识；学习者的词汇通达受到哪些因素的影响。有学者通过真假词判断任务，并通过多元回归分析详细地考察了中文复合词加工的影响因素。该研究发现，整词频率、首词频率、首词家族数、语义透明度和具体性是影响中文母语者复合词加工的主要因素。对第二语言学习者而言，整词频率、尾词素、语义因素是影响其中文复合词加工速度的主要因素。复合词的通达既存在整词加工，也存在词素加工。基于这一结论，作者认为，在中文词汇教学中应强调词汇复现率，而且应重视词素教学对扩大词汇量的重要作用。

从上述研究可以看出，基于信息加工理论的中文习得研究，基本上都是围绕认知研究领域的基本理论问题，采用认知实验的研究范式，研究中文学习者习得中文语音、词汇、汉字等语言要素的认知过程和加工机制。但不同语言层面的研究方法有所不同。中文学习者声调习得的认知研究，基本上是采取实验语音学研究方法和认知实验研究相结合的方法。而词汇和汉字的习得主要借鉴认知心理学的研究范式。

（二）基于联结主义的中文习得研究

联结主义作为一种新的认知理论复兴于20世纪80年代。这一理论与信息加工理论相比，有两个不同之处。首先，联结主义强调知识的分布表征，而不是符号表征。在信息加工的语义网络中，一个节点表示一个概念。而联结主义是通过神经网络中神经元之间的联结模式表达的。其次，在信息加工方式上，联结主义运用的是平行加工方法。联结主义是浮现主义（emergentist）家族中的一员，具有三个共同的学习原则。一是联想学习（associative learning）。这种学习方式是基于实例和样例的学习。当学习者对语言输入中呈现的一个个样例（如 N 个"把"字句等）形成记忆，学习也就随之发生。频次越高的样例越容易形成记忆。二是概率学习（probabilistic learning）。这种学习方式并非分类，而是渐进式基于经验概率的猜测和推断式学习。三是基于运用的学习（usage-based learning）。根据这一学习原理，语言知识和运用是不可分的。学习者是通过语言运用来学习语言。联结主义的上述学习原则，反映了语言知识获得的普遍规律。学者基于上述原则通过特定的方法来探索第二语言习得的普遍规律。

基于人工神经网络的模拟方法与其他行为实验研究相比具有一定的优势。基于联结主义的神经网络可以从多个维度分别表征更为复杂的因素和变量。由于神经网络能够具有人脑学习功能的生物有效性，因此通过模拟可以更为直观地观察到复杂的学习过程。在中文习得研究领域，神经网络最早用于中文学习者汉字构型意识的模拟研究。有学者利用"基于衰减网络的自组织模型"（self-organized model based on SARDNET）模拟了中文学习者汉字构形意识的发展。汉字构形意识主要包括两个方面：一是汉字组字单元的意识，二是汉字组字单元间的组合规则意识。为模拟汉字构形意识萌发与发展，该研究从汉字部件数、结构类型等九个维度对汉字进行表征。模拟的结果表明，初级水平的子模型已经具备了汉字构形规则的认知能力。汉字结构类型的认知效应主要体现在左右结构的汉字上。模型汉字识别所采用的首要策略是基于字形的策略，然后才是结构识别策略。该模拟研究在一定程度上避免了行为实验的局限，其模拟的结果比较客观、可靠。

有学者利用"自组织模型"（self-organized model）模拟了母语为非声调语言的中文学习者习得中文声调范畴的认知机制和发展过程。该研究实际上是一个双表征模型，既包括学习者母语的语音特征的表征，也包括学习者的目的语，即中文语音特征的表征。声调表征包括调值、调型、调长和调域等多个维度。模拟结果显示，初级子模型已经形成声调范畴。模拟的结果澄清了以往行为实验不一致的结论。

上述基于联结主义神经网络的模拟研究，均采用了无监督学习的自组织神经网络。这种自组织模型与有监督的学习模型相比，更符合人脑的学习过程和特点。随着深度学习模型的应用，将会进一步促进中文习得模拟研究获得新的进展。

第二章　国际中文教育中的语言理论与要素教学

本书第二章为国际中文教育中的语言理论与要素教学，主要介绍了以下三个方面的内容：语言理论与国际中文教育、语言学科分支与国际中文教育、国际中文教育的要素教学分析。

第一节 语言理论与国际中文教育

一、语言理论与国际中文教育的关系

"相辅相成,共同作用"是对语言学理论与国际中文教育之间关系的诠释。语言学理论作为国际中文教育的一个基础而存在,是中文教学者必须牢固掌握的理论知识,也是中文学习者要深刻了解的知识内容体系。在一定程度上,语言学理论推动了国际中文教育事业的蓬勃发展,国际中文教育也促进了语言学理论的不断发扬与壮大,二者共同进步,从而使得中文被更好地传承。

二、语言理论对国际中文教育的重要作用

(一)语言理论对国际中文教育有重要的指导作用

语言理论是国际中文教育的基本理论,对国际中文教育有着重要的指导作用和启示作用。一般而言,语言理论可以从微观和宏观两个方面指导和影响国际中文教育。

从微观角度来看,语言理论可以帮助教师了解学习者的语言发展过程和特点,从而更好地设计教学内容和方法。例如,根据克鲁斯卡尔与维格茨基的交互理论,教师可以通过创设真实情境、提供合适的输入以及引导学生进行对话等方式提高学生的口语交流能力。从宏观角度来看,语言理论可以指导国际中文教育的整体发展方向。比如,在社会构建主义理论的指导下,我们应该注重培养学生跨文化交际能力和批判性思维能力;在认知心理学理论的指导下,我们应该关注学生对汉字、词汇等知识结构的认知过程,并采用有效的记忆策略。此外,语言理论还可以为国际中文教育提供研究框架和方法。通过使不同领域(如心理学、社会学、语言学等)的相关研究成果与方法相结合,我们可以深入探讨国际中文教育问题,并提出相应的解决方案。

（二）语言理论是国际中文教育的语言学基础

语言理论是国际中文教育的重要基石，没有它，国际中文教育将面临巨大的困难。国际中文教育的学科理论主要包括基础理论和教学理论两个方面。其中，基础理论涵盖了语言理论、语言学习理论以及一般教育理论等内容。也就是说，语言理论在基础理论中占据着重要地位。而且，国际中文教育研究可以分为认识论、本体论、工具论和方法论四个层面，其中，本体论层面主要从事中文本体研究，其理论基础是语言学，解决的是教什么、怎么教的问题。

第二节 语言学科分支与国际中文教育

一、认知语言学理论与国际中文教育

（一）隐喻理论与国际中文教育

1. 隐喻理论在国际中文教育中运用的优势

隐喻是一种常见的修辞手法，通过将一个概念或事物与另一个不同但有相似特征的概念或事物进行比较，以便让人更好地理解和表达。在国际中文教育中，隐喻理论被广泛应用，并展现出许多优势。首先，隐喻可以帮助学习者更好地理解抽象概念。通过使用隐喻来解释这些抽象概念，可以使学习者更容易理解和记忆。例如，在教授汉字时，教师可以将汉字的结构比作建筑物的构造，让学生通过类比来加深对汉字形状和意义之间关系的认识。其次，隐喻能够提高学习者的语言运用能力。语言不仅仅是单词和句子的组合，还包含了丰富而复杂的文化内涵。通过引入相关隐喻，在教授词汇、语法等方面时可以增加趣味性，并促使学习者更好地理解和运用语言。例如，在教授形容词时，教师可以使用隐喻来描述不同的感觉和情绪，让学生通过比较来学会正确运用形容词。此外，隐喻还能够培养学习者的创造力和批判思维能力。通过引入多样化的隐喻表达方式，可以激发学习者的想象力，并鼓励他们从不同角度思考问题。这种培养创造力和批判思维能力的方法对于提高学习者在中文交流中的表达能力至关重要。最后，隐喻理论在国际中文教育中还有助于促进跨文化交流与理解。每个语言都有其独特的文化背景和价值观念，而隐喻正是其中的体现。通过介绍中华优秀传统文化中常见的隐喻，并将其与其他国家或地区的类似概念进行比较，可以增进学习者对中国文化及其价值观念的了解，并促进跨文化交流与理解。

2. 隐喻理论在国际中文教育中运用的建议

（1）结合学生的个体差异

外国学生的中文学习需要遵循第二语言习得规律，此外，学生的个体因素也

会对语言习得产生重要影响。这些个体因素主要包括三个方面：首先是生理因素。不同年龄段的学生对事物的认知和百科知识掌握程度可能存在差异，而性别也可能导致对事物感性认知的不同。这些个体因素会影响他们对隐喻的构建和解读能力。其次是学习策略和交际策略的差异。不同学习策略和交际策略会影响外国学生对隐喻接受程度的不同。例如，有些学生更倾向于通过记忆词汇来理解隐喻意义，而有些人可能更注重与母语者进行实际交流以获得更深入的理解。最后是学习动机。外国学生对中文的学习水平高低不一，这也会影响他们在隐喻习得方面取得的成效。有较高动机水平的学生通常能够更积极地参与到隐喻理解过程中，并取得更好的结果。针对以上个体差异，教师应该根据学生的情况有选择地讲解词汇的隐喻意义，而不是一次性将全部隐喻意义介绍给学生。这样可以更好地满足学生个体差异的需求，提高他们对中文隐喻的理解能力。

（2）结合文化教学

民族文化价值观和文化背景对人类认知具有极大影响。在国际中文教育过程中，文化教学是必不可少的内容。诸多隐喻表达在中文中根植于特定的文化背景当中，这对外国学生来说理解起来很有难度。因此，教师需要向学生介绍相关的文化背景知识，或者鼓励感兴趣的学生自行查阅资料以探索为何会出现这样的表达方式。举例来说，"冰"在中国文化中代表着清白、高傲的气节，与不惧风霜的"梅"相似。当介绍冰所隐含的意义时，不能忽略与其相关联的文化背景。只有让学生了解中国文化关于冰所蕴含的价值取向等问题，才能使他们全面深入地掌握冰所具备的各种隐喻意义。另外，在中国人看重孝顺、维护人际和谐关系等方面也存在相关隐喻表达。然而，正确理解这些隐喻表达需要学生对中国文化有基本了解。因此，在进行隐喻教学时，也需要结合文化教学。通过具体的教学实践，对代表性的文化知识进行讲解不仅有助于学生基本了解中国社会、宗教信仰、风俗习惯、审美情趣、思维方式，而且对于词汇教学特别是与隐喻有关的词语教学也有不小的助力。

（3）注重文化差异性

隐喻通过比喻和象征来传达抽象概念。在国际中文教育中，隐喻理论被广泛运用于语言教学和跨文化交流的研究中。然而，由于不同文化之间存在着巨大的差异，因此我们在运用隐喻理论时必须注重这些差异性。首先，不同文化对于隐喻的理解有所不同。例如，在中国文化中，"红色"通常代表着幸福、吉祥和热情；在西方文化中，"红色"可能与危险、愤怒或爱情联系在一起。因此，在进行国际中文教育时，我们需要了解学生所处的背景和他们对于隐喻的认知，并根据具体情况进行灵活调整。其次，不同语言之间存在着词汇和表达方式上的差异。一个经典例子是"时间就是金钱"的说法，在英语里非常普遍并且易于理解；但是，在某些亚洲语言如日语或韩语里，并没有类似的隐喻。因此，在国际中文教育中，我们需要注意到这些差异，并且避免直接翻译或强加西方的隐喻概念给学生。此外，不同文化之间存在着不同的价值观和信仰体系。例如，在中国文化中，"山水画"被视为高雅艺术形式，代表着人与自然的和谐；在西方文化中，"油画"则更受重视，并且注重个人创造力和表达力。因此，在进行国际中文教育时，我们应该尊重学生所处的文化背景，并且通过比较分析来帮助他们理解不同文化之间的隐喻差异。最后，运用隐喻理论还需要考虑到学习者的语言能力和认知水平。对于初学者来说，过于复杂或抽象的隐喻可能会使其困惑或误解。因此，在国际中文教育中，我们应该根据学生的语言水平和认知能力选择合适的隐喻进行教学，并逐步引入更复杂的隐喻概念。

（4）培养学生从隐喻视角学习中文的能力

隐喻是一种通过比较和类比来传达思想和意义的修辞手法。在语言学习过程中，了解和运用隐喻有助于提高学生对汉语词汇、句子结构和语言表达的理解。首先，通过引入隐喻概念，教师可以帮助学生更好地理解抽象概念。例如，在教授形容词时，可以使用"红色如火""冷得像冰"等隐喻来描述颜色或温度。这样一来，学生不仅能够记住形容词本身的含义，还能够将其与具体感官经验联系起来，并更深入地理解其抽象含义。其次，在阅读和写作活动中运用隐喻有助于提升学生的表达能力。通过分析文本中使用的隐喻表达方式，学生可以丰富自己的词汇量，并借鉴其中独特而精确的表达方式。同时，在写作过程中，运用恰当的隐喻可以使文章更加生动有趣，并增强读者的阅读体验。此外，隐喻还可以帮助学生理解和掌握汉语中的习惯用语和成语。许多习惯用语和成语都是通过隐喻方式表达的，例如，"一箭双雕""亡羊补牢"等。通过分析这些隐喻背后的意义，学生能够更好地理解并运用这些固定搭配，提高自己的口头表达能力和书面表达能力。

（二）图式理论与国际中文教育

语言学习是一个不断吸收新信息的过程，我们可以通过运用图式理论教授国际中文教育，帮助学生更有效和更迅速地完成学习任务。

1. 新知识的理解基于已有图式

在国际中文学习过程中，我们常常会遇到新的知识点和概念。为了更好地理解这些新知识，我们可以借助已有的图式进行思考和分析。图式指的是我们大脑中已经形成的一种模式或框架。它们是基于我们的经验和学习积累而形成的，帮助我们对事物进行分类、归纳和理解。当我们遇到一个新知识点时，可以尝试将其与已有的图式进行联系。通过找出二者之间的共同点和相似之处，可以更快地掌握新知识，并将其融入已有的体系中。同时，在理解新知识时也要注意发现其中的差异性。如果只局限于旧有图式中存在的特征来理解新知识，可能就会导致片面或错误的认识。因此，在建立联系的同时也要保持开放心态，接受并适应新信息带来的变化。通过基于已有图式对新知识进行理解，不仅能够加深对旧有知识体系的认识和运用能力，还能拓展思维方式和提高学习效率。因此，在学习过程中养成运用图式思维的习惯，将会对我们的学习和思考产生积极的影响。

2. 了解学生大脑中存在的已有图式是进行教学的必要基础

我们在进行教学活动时，对于学生头脑中的非语言图式也是不能忽视的，教学内容应符合学生现有水平，不应超越其已有图式的范围，否则将无法理解。根据维果茨基的最近发展区的概念来看，最近发展区是学生现有的在独立活动时所能达到的解决问题的水平和通过教学所获得的潜力之间的差距区间。教授的知识不应该超过或低于该区域，不可以太容易也不可以太难，否则学生将难以提高或者不容易理解新知识，教师应根据不同的情况选定不同的教学方案。

二、语用学与国际中文教育

（一）语境与国际中文教育

1. 认知语境的应用

认知语言学的观点是语言能力与人的认知能力密切相关，因此，在语言学习过程中也应该考虑个体认知过程。从事语言教学的教师，在国际中文教育领域，需要以认知语境心理学理论为指导，来帮助外国学生学习中文。要有效利用认知语境开展教学，必须充分了解学生群体。不同国家的学生具有不同的语言、文化和生活经历背景，以及中文水平上的差异。国际中文教师需要准确把握不同学生之间的差异，并结合他们的个体情况设计中文课程内容和授课方式。通过这样做，我们可以让外国学生逐渐理解汉语表达方式，并形成自己独特的汉语思维模式。同时，在轻松欢快的学习氛围中，他们也能够更好地学习中文。

2. 背景语境的应用

随着中国的崛起和全球化进程的加速，越来越多的人开始学习汉语。作为世界上使用最广泛的语言之一，汉语已经成为许多国家和地区重要的外语。然而，在国际中文教育中，仅掌握词汇和语法是远远不够的。背景语境在国际中文教育中扮演着重要角色。它指的是将学习者置于真实生活场景中，通过模拟日常交流、社交互动等方式来提高他们运用汉语进行沟通和理解的能力。这种方法可以帮助学生更好地适应中国社会，并更快地融入当地文化中。首先，背景语境可以帮助学生更好地理解课堂内容。通过与真实情境相结合，学生能够更深入地了解课本知识，并将其应用到实际生活中。例如，在一个关于购物对话的练习中，教师可以模拟商店售货员和顾客之间的对话情景，让学生亲身体验购物时需要用到的表达方式和交流技巧。其次，背景语境可以提高学生的语言运用能力。通过在真实场景中进行口语练习，学生可以更好地掌握汉语的表达方式和习惯用法。例如，在一个关于旅行的课程中，教师可以组织学生模拟机场登机手续、酒店预订等情境，让他们在实践中熟悉相关词汇和句型，并培养他们自信地运用汉语进行沟通的能力。最后，背景语境还有助于增进学生对中国文化的理解。通过参与各种社交活动和文化体验，学生可以更深入地了解中国人的价值观、传统习俗以及社会规范等。这不仅有助于提高他们对中国文化的认同感，也为他们今后在与中国人交流时建立良好关系打下基础。

3. 即兴语境的应用

随着全球对中国文化和汉语学习的兴趣不断增长，国际中文教育也迎来了前所未有的发展机遇。为了提高学生的口语表达能力和交流技巧，即兴语境成了一种被广泛应用于国际中文教育中的方法。即兴语境是指在没有事先准备或排练的情况下，在特定场景下进行的实时对话和表演。它可以帮助学生更好地理解和运用所学知识,并培养他们在真实交流环境中灵活运用汉语的能力。首先,即兴语境可以促使学生主动参与并积极思考。相比于传统课堂上教师单向讲解或问答形式,即兴语境要求学生根据自己掌握的知识和经验进行实时反应。这样一来,他们需要快速思考并作出回应,从而锻炼他们逻辑思维和创造力。其次,即兴语境可以提高学生的口语表达能力。在即兴对话中,学生需要用汉语进行实时交流,并根据对方的回应作出相应调整。这种实践性的口语训练有助于他们更好地掌握汉语发音、词汇和句法结构,提高他们的口头表达能力。此外,即兴语境还可以培养学生的团队合作和沟通技巧。在一个即兴对话场景中,学生需要与其他同学密切配合,并通过有效沟通来完成任务。这样一来,他们不仅可以提高自己的团队合作能力,还可以学会倾听和理解他人的观点,在集体中发挥个人优势。

要开展有效的即兴对话活动,需要具备丰富教学经验和专业知识的教师来引导和指导学生。为了营造真实情境并提供足够材料支持,需要投入大量时间和精力开展准备工作。随着国际中文教育的不断发展,即兴语境在课堂教学中的应用前景依然广阔。通过即兴对话,学生可以更好地理解和运用所学知识,并提高他们的口语表达能力和交流技巧。同时,这种活动也有助于培养学生的团队合作和沟通能力。

(二)语用分析与国际中文教育

语用分析是研究语言使用的学科,关注的是人们在特定情境中如何运用语言来达到交际目的。在国际中文教育中,语用分析起着重要的作用。首先,通过语用分析可以帮助学习者更好地理解和运用汉语。汉语作为一门复杂而丰富的语言,在不同情境下有着不同的表达方式和含义。通过对话题、角色关系、场景等因素进行分析,学习者可以更准确地理解和运用汉语,并避免产生误解或歧义。其次,语用分析还能帮助教师设计有效的教学活动。了解学习者所处的文化背景,教师可以根据这些信息来设计相关活动,并引导学习者进行真实场景下的交流练习。这样一来,学习者不仅能够提高自己的口头表达能力,还能够增进对中国文化和社会规范的理解。此外,在国际中文教育中应用语用分析还有助于培养相关人员的跨文化交际能力。由于不同国家和地区之间的文化差异,人们在交际中往往会出现误解和冲突。通过语用分析,学习者可以了解不同文化背景下的言语行为规范，并学会适应和尊重他人的交际方式。这样一来，学习者就能够更好地与中国人进行跨文化交流。综上所述，语用分析在国际中文教育中具有重要意义。它不仅帮助学习者更好地理解和运用汉语，还能够帮助教师设计有效的教学活动，并培养学习者的跨文化交际能力。因此，在国际中文教育中应该加强对语用分析的研究和应用。

第三节　国际中文教育的要素教学分析

一、教材

教材是传授知识的重要工具，不仅反映了教学理论和方法的深度，还直接影响着教与学的效果。编写一本优质的教材，需要遵循五个原则：针对性、实用性、科学性、趣味性和系统性。而这些原则都需要在教学要素导入中得到充分体现。第一，针对性是指根据学生的特点和需求来设计教材内容。一个好的教材应该能够满足不同层次、不同背景的学生的学习需求，并且能够引导他们逐步提高自己的能力。第二，实用性是指教材内容应该与实际生活紧密结合。通过将知识与实际问题相结合，可以帮助学生更好地理解和应用所学知识。第三，科学性是指教材内容应该符合科学规律和认知规律。只有基于科学研究成果编写出来的教材才能真正有效地促进学生的认知发展。第四，趣味性是重要原则。一个富有趣味性的教材可以激发学生对知识探索的兴趣，提高他们的学习积极性和主动性。第五，系统性是指教材内容应该有机地组织起来，形成一个完整的知识体系。通过系统化的教学要素导入，可以帮助学生更好地理解知识之间的内在联系，并且能够更好地掌握所学内容。

（一）教学要素分布的科学性

在教材的分布上，教学要素需要注意以下几个方面：首先是适度性，即每一课的内容导入应该在数量上适中。特别需要注意的是不要过多地引入其他要素，毕竟，教材的目标是辅助语言教学，如果植入太多就会影响语言教学进程。其次是适应性，也就是说教学要素与语言难度相匹配。语言难度具有层级性，在选择教学要素时也应该注重这种层级关系。换句话说，我们需要确保所选取的教学要素与语言难度相互适应。为了满足这两个问题，在设计课程时可以考虑以下扩展方式：首先，在量上适当控制每一课的内容导入，并且合理安排各个要素之间的比重；其次，在选择和引入教学要素时，根据不同层级的语言难度进行筛选和组织；最后，在实施过程中，密切关注学生对于不同难度层级下所涉及知识点和技能的掌握情况，并及时调整和优化相关内容。

（二）教学要素选用的趣味性

教材的内容和形式应该生动有趣。然而，由于学习者的年龄和文化背景不同，他们对于趣味审美也会有所差异，因此在编写教材时要考虑到趣味性的表现是非常重要但也有难度的事情。为了增加教材趣味性，通常认为将目标语言文化元素引入其中是非常关键的。在进行这样的导入时，我们需要综合考量学生的语言水平、内容相关性、交际实用性等。具体来说：第一，根据学生的语言水平来选择适当的目标语文化元素进行导入是至关重要的。如果学生刚开始接触某个新词汇或句型，那么就可以通过介绍与之相关联且容易理解的文化背景来帮助他们更好地掌握并记忆这些知识点。第二，在选择目标语文化元素时还需要考虑其与教材内容之间的相关性。只有将文化元素与具体主题或话题相结合，才能使得教材更加贴近学生实际生活，并且让他们产生浓厚兴趣。第三，教材中引入的目标语文化元素应该具有交际实用性。这意味着学生在学习过程中不仅能够了解一些文化知识，还能够运用这些知识进行真实的交流和表达。通过与他人互动，学生可以更好地理解和体验目标语言所蕴含的文化内涵。

（三）与其他教材的协调性

由于中文知识范围非常广，因此在编写教材时选择合适的内容变得非常有难度。一般来说，我们会选择与语言知识点密切相关的文化要素作为辅助教学材料。在选取文化要素时应与专门文化课相结合，在语言课堂上引入文化要素，并与专门的文化课程相协调，对学生的语言和文化学习有所裨益。

二、教师

（一）积极的教学态度

大多数教师认同在语言教学中导入教学要素的重要性。作为教师，应该意识到语言与文化之间密不可分的关系，形成公正文明的文化态度。对于导入教学要素，教师应该持积极态度，在备课中恰当地设计和语言相关的教学要点。同时在课堂上，我们也应该合理解释学生提出的问题，尽量不回避。这样做可以更好地促进学生对语言和文化的理解和掌握。

（二）提高文化素养和教学能力

教师的文化素养应该源自个人的学习。为了丰富文化知识积累，教师需要积累海量中国文化知识。这种积累是一个长期而持续的过程，同时也需要在备课过程中准备充足，并广泛查阅有关文化资料。除了提高自身的文化素养外，教师还需培养自己的教学技巧。例如，要求教师语言表达流利、板书规范、科学设计教学内容，用好多媒体技术。此外，在教学过程中，还要重视非语言因素，如手势语、体态语等对于有效传达信息所起到的作用。同时，组织第二课堂活动也是必不可少的。

（三）跨文化交际意识培养

从事国际中文教育的教师面向的学生群体来自不同国家，他们之间存在着巨大的文化差异。在整个国际中文教育教学过程中，跨文化交际意识起到了至关重要的作用。毕继万在《跨文化交际与第二语言教学》[①]一书中提出了很多与第二语言教学密切相关的内容。我们深表认同，并且认为培养跨文化交际意识对于教师和学生群体同样重要。因此，在国际中文教育领域，我们需要注重培养师生双方的跨文化交际能力。

三、学习者

（一）跨文化适应

学习者要具备良好的跨文化适应能力，这是适应新文化环境必须具备的能力。当一个人初次置身于一个全新环境中时，需要持续克服文化冲击，并对自身的交际行为、生活习惯、思维方式、价值观念等进行调整，融入新文化环境。要达到这个目标，要摒弃民族中心主义和刻板印象。当然，这个过程要经历蜜月期、文化冲击期、恢复调整期和适应期。在这个过程中，学生语言水平提高、良好环境

[①] 毕继万. 跨文化交际与第二语言教学 [M]. 背景：北京语言大学出版社，2009.

等因素都有助于克服文化冲击，但关键的是学生本身持有积极的态度和较强的适应力。

(二) 积极心理与兴趣

学习者对中国文化的浓厚兴趣将帮助他们更好地学习中文。然而，语言学习是一个漫长的过程。因此，引入文化元素成为提高学习者学习兴趣有效且简便的方法。对于外国学习者而言，中国文化既新鲜又神秘，在进行文化导入时，我们应该关注文化对比，并采用多样化的传播形式。同时，所选取的文化要素应与生活紧密相关，并体现主流文化。这样可以培养学生以客观积极的心态看待中国文化的能力，调动他们探索、研究的积极性与兴趣。

第三章　跨文化视角下国际中文教育教材资源建设

　　本书第三章为跨文化视角下国际中文教育教材资源建设，分别介绍了三个方面的内容，依次是国际中文教育教材的编写和选用、跨文化视角下国际中文教育教材的创新及现代化、海外本土化国际中文教育教材资源建设。

第一节　国际中文教育教材的编写和选用

一、教材的重要性

教材是教师教学和学生学习所依据的材料，与教学计划和教学大纲构成学校教学内容的有机组成部分。在教学活动的四大环节中，教材占有很重要的地位。它是总体设计的具体体现，反映了培养目标、教学要求、教学内容、教学原则；同时教材又是课堂教学和测试的依据。因此，在第二语言教学中教材起着纽带的重要作用。教材体现了语言教学最根本的两个方面：教什么和如何教。教材水平的高低不仅能反映教学理论和教学法研究的深度，而且在很大程度上决定教与学的效果。有人把教材比作剧本，演员凭借好的剧本才能演出有声有色的好戏来。教师也需要好的教材才能上出好的课来。没有好的教材，就好比是无米之炊，高手也难以施展。

教材不仅在教学活动中占有重要地位，而且在学科发展中也发挥着特殊作用。教材来自教学第一线，又直接运用于教学第一线，接受课堂教学的检验。通过教材的使用，还能反馈教学效果，引起对教学大纲和教学理论的进一步思考。一种新教学法或教学理论的提出，往往需要通过代表性教材来加以体现和传播。如人们一提到功能法马上就会想到《跟我学》。教材可以看作教学理论研究和第二语言教学学科发展的前沿阵地和突破口。

狭义的教材指教科书，广义的教材除了教科书外还包括教学参考书、讲义、讲授提纲、图表、各种教学音像资料等。音像、电脑教学也得有教材。即使全部用真实的语言材料，用到教学上就成了教材。教材的内容和形式可以变化，只要有教学活动，教材的重要性就不会改变。

二、教材的依据

编写一部好教材，要求编者对本专业的教学内容有广泛的了解和深入的研究。

要有较深的教学理论修养，还要有丰富的教学经验。对学习者有很好的了解，才能把握住本课程的教学要求和教学特点，并能以此为依据选取合适的材料，作出合理的安排。好的教材是学术性和艺术性的良好结合，体现了编者在教学内容和教学方法方面的研究成果。

（一）语言学、心理学、教育学是理论基础

教材编者要具有理论语言学、心理语言学、社会语言学、心理学、教育学等方面的理论知识，并用以指导教材的编写。比如，确定作为教学内容的语音、词汇、语法，要受一定的语言学理论的指导；如何进行听说读写四项技能的训练，教材各个环节如何安排才有利于学习者的理解、记忆、掌握，都要受心理学、教育学理论的指导。

（二）语言教学理论和学习理论是直接理论依据

编写教材要受某种教学法理论，特别是教学原则的指导；每种教材也总是体现一定的教学法或受到多种教学法的影响。在编写教材时还要充分考虑到学习理论，如中介语理论、可理解的输入、学习者的个体因素等。

（三）目的语语言学和目的语文化是教材内容的源泉

确定教材的内容需要有目的语的语法大纲、词汇大纲、功能大纲、文化大纲等，以解决语法、词汇、功能、文化等方面的定量与分级问题。

（四）教学计划与教学大纲是教材编写的直接依据

教材必须遵循作为总体设计成果的教学计划与教学大纲所做的规范。

三、教材编写和选用的原则

结合教材的特点，还可以概括为"三性"：针对性、实用性、科学性。

（一）针对性

教材要适合使用对象的特点，最基本的特点是不同母语、母语文化背景与目的语、目的语文化对比所确定的教学重点不同。此外，还有一些其他特点。

1. 学习者的年龄、国别、文化程度特点

给儿童编的教材与给成人编的教材在内容和方法上不能相混；给美国学生编的教材无论就语言教学或文化因素教学重点，均不适用于日本学生；给研究生、学者编的教材，也不同于给受过初、中等教育的一般文化程度学习者编的教材。

2. 学习者学习目的的不同

为了专业目的正规的学习与为了某种实用目的临时性的学习有很大区别。为汉语言专业学生编写的教材，要强调知识的系统性，强调扎实的基本功；为旅游者或临时来华的工作人员编写的教材，则着重解决实用问题，而无须系统知识的学习。之前还谈到为不同专业目的编写的教材，如文科中文教材、理工科中文教材等，也是为了加强针对性。

3. 学习者学习的起点不同

根据学习者原有的目的语水平，可以分为初、中、高三级教材。

4. 学习时限的不同

学习时限的不同指的学习时限和周课时，教材所要达到的目标必须在时间许可范围之内。短期班不能用长期班教材，强化班也不宜用普通班教材。

一方面，不针对学习者的特点，无的放矢，必然影响到学习效果。另一方面，学习者的情况千差万别，不可能根据每种情况都去编专用教材。针对性不是绝对的，只能针对上述大的类型，逐步分别编写教材。为了更好地解决针对性问题，交际法采用单元学分制，除了共核部分外，其他部分有平行材料可供学习者根据需要选用。也有学者主张设计板块式教材，板块间的组合有一定的灵活性，也能为学习者留下更大的选择空间。

（二）实用性

第二语言教材不同于语言学教材，主要用于培养语言技能和能力；语言知识要通过教学转化为技能，是为培养能力服务的。因此，教材的实用性十分重要，也只有实用的教材才能激发学习者学习的积极性。实用性主要体现在以下几点：

第一，教材内容要从学习者的需要出发，是学习者进行交际活动所必需的，是在生活中能马上应用的，也是学习者急于掌握的。要避免无实际意义、无使用价值或者只是为了举例解析语法点的"教科书语言"和"教室语言"。

第二，语言材料必须来源于生活、来源于现实，要有真实性。从初级阶段开始就应该根据学生的语言水平适当选用一些目的语真实材料。要提供尽可能接近生活的真实语言情景，主要是目的语环境的情景，也应适当提供母语环境的情景。

第三，要有利于贯彻精讲多练的原则，既要提供必要的理论知识，又要提供大量且充分的练习。练习是获得技能和能力的主要途径，是教材中的主要部分。练习要生动有趣，在形式和层次上要多样化。

第四，要有利于开展交际活动，使教学过程交际化。

（三）科学性

针对性、实用性都属于科学性的范围。这里要特别强调以下几点：

第一，要教规范、通用的语言。我国规范、通用的汉语是普通话，规范、通用的标注音素读音的符号是《汉语拼音方案》，规范、通用的汉字是我国正式公布的简化字。国际中文教育教材都是利用拼音方案，使用简化字，教普通话。为了特殊的需要，才会教某种方言（如广东话等）。在高年级为了从实际出发培养听力，可能有意识地安排带方言味的普通话听力训练。考虑到海外华人社会的现实需要，一般教材都附有繁简字对照表。

第二，教材内容的组织要符合语言教学的规律。顺序的安排要循序渐进，做到由易到难、由简到繁、由浅入深。题材内容也应从日常生活交际开始，由近及远，逐步扩大到政治经济、社会生活、文化传统等方面。新词语和语法点要分布均匀、合理，难点分散。要特别注意词汇和句型的重现率，循环复习，加强记忆。

第三，对语言现象（如语音、词汇、语法、语义、语用等）的解释要注意准确性，避免对学习者造成误导。

第四，一方面，教材内容要反映出学科理论研究的新水平，及时更换陈旧内容；另一方面，语言研究的新成果进入教材，又要持慎重态度，这也是科学性的体现。

四、教材设计的类型

国际中文教育教材的类型，可以从教学类型、课程类型、水平等级、学习者特点、母语特点等不同角度来区分。下面我们主要从教材编写的角度，即教材如何编排教学内容来分，主要谈教材编写体例和教材遵循的教学原则两个方面。

（一）按教材的体例分

1. 综合型和分科型

20 世纪 80 年代以前的教材大都是综合型教材，即主要用一套课本培养学习者的语言知识和言语技能。如《汉语教科书》《基础汉语课本》《实用汉语课本》等，在一本书中包括了语音、词汇、语法、汉字要素和听说读写技能。这种综合型教材的长处是语言要素、言语技能在一本书中能紧密配合、协调安排，利于综合性训练。这种教材常常由一位教师教授。教师可以根据学生学习和掌握语言的具体情况，机动灵活地调整讲练的项目和训练方法，随时按需要增减听说或读写操练；技能训练围绕同一材料进行，有利于相互配合，精讲多练。

20 世纪 80 年代以来，由于实施按专项技能训练开设课程，因而出现了一批按技能编写的分科型教材。最早如《初级汉语课本》《现代汉语教程》《科技汉语教程》等教材都分为听说课本、读写课本、听力课本、说话课本、听力练习本、汉字练习本等，有的以一本教材，或读写或听说为主干，其他各本相配合；有的则为几本平行教材，其间有语法和词汇的"共核"，各平行教材在着重训练某项技能的同时，又能复习巩固这些共核，并在教学内容上有所增加和扩大，而且学习者能接触到更多的语言材料。所以，分科型教材既能使每项技能得到充分的训练，其共核又能从不同的角度得到重现与巩固。

2. 单课制和单元制

单课制的编排方式是一课一个单元，几课以后有一综合复习。单元制是由几课内容或几种技能训练组成一个单元，一本书分若干单元。划分单元的方法，按语言结构分，相关的语法点组成一个单元，既避免了单调地、不自然地重复某一语法规则，也有利于学过的语法点在单元内各课的循环复习。有的则按内容或话题来划分，几个相近的话题或内容组成一个单元，如日常生活单元、旅游单元、文艺单元、历史单元等，有利于学习和运用相关的词语，能对表达某一方面的内容集中训练。也有从技能的角度分单元，在同一单元中安排听说读写多项技能训练。

单课制和单元制各有优点。一般来说，开始阶段以单课制为宜。这一阶段学习者需要尽快掌握一些基本结构，多接触一些不同话题的基本词语（主要是日常生活方面的）。单课制话题变换较快，而且脉络清楚，要求明确，适于初级阶段学习。在此基础上，初级阶段后期或中级阶段开始采用单元制，使得学习者融会贯通，有利于培养其获得综合运用语言的能力，也便于其对重点结构和词语的重现和巩固。

3. 直线式和螺旋式

直线式和螺旋式是指教材的语法结构或话题内容排列的方式。直线式安排就是将语法点或句型按难易排列，从第一课开始一课教一个或几个语法点，直到最后一课。除了在课文中重现外，同一语法点除个别因用法较复杂而分作连续几课介绍外，作为讲练的重点一般不会出现两次。大多数国际中文教育教材都采用这一方法。掌握语法结构的过程需要循环往复。

交际法主张的螺旋式安排，也叫圆周式安排，即将话题和句型结构根据交际需要并适当照顾难易度分成几个圈，每圈都将主要话题和句型结构出现一遍，而圈与圈之间又逐步加深难度，呈螺旋式上升或是同心圆扩大之势。这样安排既能使学习者在较短的时间（一圈中）接触较多的话题和句型结构，便于及早地运用和交际，又能使同一话题和结构多次出现，反复巩固加深，符合认知规律和第二语言学习的特点。螺旋式安排应是今后教材编写的主要方法。

（二）按遵循的主要教学原则分

1. 课文型

以课文作为语言教学内容的黏合剂，以讲授课文为主，通过课文学习语言结构和词语。课文常常是原文（或稍加改写的原文），语言地道。课文又分为叙述、说明、描写等不同体裁，体现不同的语言运用特点。其优点是在一定语境、一定文化背景中学习语言，建立整体认知，有利于培养学习者的话语能力和综合运用语言的能力。传统的教材常采用这种以课文为中心的方法，今天也有教学理论强调课文的作用。这一类型教材比较适合中高级阶段。

2. 结构型

以结构为纲，根据语法或句型结构的难易程度和词语的分布安排教学内容及其顺序。听说法教材充分地体现了结构型的特点。这类教材强调对句型反复操练，并培养出习惯。

3. 功能型

以功能为纲，根据功能项目——用语言完成的交际任务——的常用程度安排教学内容及其顺序，不考虑或较少考虑结构的先后。交际法教材有一类是典型的功能型教材。这类教材强调培养语言交际能力。

4."结构—功能"型

结构与功能相结合，以结构安排为基础，同时考虑到结构所表达的功能，使结构应用于一定的功能。比较适合初级阶段的第二语言学习。这是20世纪80年代以来我国国际中文教育教材编写的主要思路。

第二节 跨文化视角下国际中文教育教材的创新及现代化

一、国际中文教育教材建设应立足于中国

立足中国,即国际中文教材当以理解中国为出发点和落脚点,以讲述中国为重要叙事主题,向世界充分展示真实、立体、全面的中国。

来华留学生学习中文的最大优势是学习在中国,课堂学习之余,他们有走出课堂去直接感受中国的便利。教材实践应利用好学习环境,据其语言水平充分供给合适的学习内容,促其更好地理解中国。比如,编写者在编写"理解当代中国"国际中文系列教材时即坚持中国特色及其全球化表达立场。系列教材课文题材均源自中国,课文语言难度以2021年发布的国家标准——《国际中文教育中文水平等级标准》为标准。

立足中国实际,以开放的胸襟和融通中外的话语模式向国际中文学习者展示真实、立体、全面的中国,是被学习者所接受的,也是学习者所需要的。

二、国际中文教育教材建设应融通中外

全球化时代,多样文明更需在传播、交流中获得各美其美、美美与共的互鉴与交融。文明交融互鉴,才能达到理解与包容。国际中文教材实践的融通中外就是主张教材要基于学习者的身份特点和学习环境特征,坚持中国话语、中国叙事的全球化表达,在跨文化互动中实现包容与理解。

今天的来华留学生感受到的是一个全新的、开放的、无比自信的中国,是一个深度融入世界的中国,他们不满足于只学习中国表层的物质文化,更希望了解中国的社会体制、思想理论、经济社会发展动因等。教材实践应该利用好现实发展环境,满足学习者的学习需求。

国际中文学习者来自不同的国家及地区,对于学习者来说既不能盲目自信,

也不能妄自菲薄，不能僵硬地强迫学习者全盘学习、照搬中国的一切，更不能进行中国文化的硬输出，否则势必导致其无法消化吸收，形成中国文化的化石化，甚至对中国文化产生误解。因此，国际中文教材要帮助学习者跨越中文学习障碍、中国文化理解障碍，其立意、主题、结构、内容叙事等需坚持中国故事的全球化表达，从学习者视角，以学习者能够接受和理解的方式展示中国、讲述中国，并通过中外对比、跨文化互动讲好中国故事，使学习者跨越文化鸿沟，深度理解中国文化。

"理解当代中国"国际中文系列教材也是这样立意的。特别是《高级中文读写教程》的编写，教材每一单元的三篇课文基本按照"中国智慧、中国思想—中国实践、中国作为—国际解读"逻辑顺序设计，通过理论思想展示、实践呼应和跨文化解读，全面展示当代中国，回应留学生的各种关切。鉴于很多学生是第一次接触中国思想、中国智慧原文，中国实践和跨文化解读两部分的选篇都是以微小叙事模式展开的，以帮助学生更好地理解中国智慧、中国思想，激发其讨论、对比的热情。这样的设计可以说是一次融通中外的、有益的创新性尝试。

三、国际中文教育教材建设应实现"三维"体系融合创新

教材实践体系由知识体系、能力体系和价值体系构成，我们简称"三维"体系。知识是基础，是种子；能力和价值是关键，是果实。一套合格的教材应承载该"三维"体系功能，体现"三维"体系的有机融合，三者缺一不可。国际中文教材也如此。

国际中文教材体系中的知识体系既包括关于中国的知识、中华文化知识、跨文化知识，也包括中文语言知识。能力体系是学习者通过知识传授和技能训练获得的知识掌握能力、语言表达能力和交际交流能力。价值体系则是文化价值、情感价值、育人价值的综合。如果说知识体系和能力体系是向学习者传递知识，训练其技能，呈现的是知识传递、技能训练的方式方法，最终使学习者的能力得到提升，是有形的，那么价值体系则是润物无声的，是无形的。以往的国际中文教材更多关注中文语言知识的传授和听说读写能力的培养，我们认为还应特别重视学习者价值体系的塑造，使学习者学习中文不能仅停留在了解中国表象层面，还

应培养其读懂中国、理解中国、认同中国的情感。

在处理知识、能力、价值关系方面,"理解当代中国"国际中文系列教材以知识、能力和价值同步提升为要旨,依此确立内容与语言融合学习的设计理念。

第三节　海外本土化国际中文教育教材资源建设

一、新形态教材资源建设

（一）新形态教材的内涵

1. 新形态教材的内涵追溯

教材是教师和学生据以进行教学活动的材料，是教学的主要媒介。通常按照课程标准（或教学大纲）的规定，分学科门类和年级顺序编辑，包括文字教材（含教科书、讲义、讲授提纲、图表和教学参考书）和视听教材。新形态教材在本质上仍然属于教材，是应用于教学活动的材料，是教师与学生之间的媒介和载体，为教学活动提供全面支持。"形态"指的是事物的形状或表现，"教材形态"指的是教材作为一种教学中介的表征形式，可以分为外在形态和内在形态。教材外在形态主要指教材所使用的物理媒介和逻辑媒介。物理媒介指装载教材内容和信息的载体，如纸张、磁带、磁盘、硬盘等。逻辑媒介指在物理媒介上装载内容或信息的编码手段，如文字、模拟音频流、数字音频流、图像、视频流等。教材按照物理媒介的不同，可以分为模拟教材和数字教材。模拟教材主要包括纸质教材、音像教材、广播教材和实物教材。数字教材伴随信息技术的变革，经历了静态媒体数字教材、多媒体数字教材、富媒体数字教材三种发展形态。教材按照所使用逻辑媒介的数量可以分为单媒体教材、双媒体教材和多媒体教材。富媒体与多媒体的本质区别在于，富媒体更注重丰富多样的 UI 展现、深度的用户交互、动态驱动及实时响应、便捷的部署、融合桌面应用与网络应用等特性，而多媒体更注重资源的呈现形式。教材的内在形态是指其内容的表征形式，如教材中选择放入什么内容、这些内容按照什么样的逻辑与方式组织和呈现。因此，新形态教材的"新形态"即体现为上述外在形态和内在形态的双重革新，在教材媒介新形态、教材内容新形态的基础上，形成教材功能和教材使用方式的新形态。

2. 新形态教材与其他教材资源的关系

纸质教材是新形态教材的主体部分。一是新形态教材需要纸质教材在内容上统领教材体系，通过基础性内容，与数字教学资源之间形成互补和互动关系。二是新形态教材需要纸质教材在结构上统领教材体系，起到提示、索引、链接的作用。三是纸质教材方便使用，符合教师和学生的阅读习惯，且具有"一揽性"和"俯瞰性"特征，有利于建构学习者的结构化知识体系，是新形态教材保持传统教材优势的必需要素。

数字教学资源是新形态教材的有机组成部分，是对纸质教材内容的呈现、拓展以及功能的补充。数字（化）教学资源，专指用数字技术处理的、可以在多媒体计算机与网络环境下运行的软件教学资源及环境。从资源形式上看，主要包括媒体素材、教案、课件、试题案例等教学材料、网络课程、教学资源库、专题网站、通用远程教学系统支持平台等。新形态教材就是对纸质教材与数字教学资源的一体化建构。

新形态教材与数字教材有相通之处。数字教材从本质上说是依据课程标准系统设计、开发的，适用于信息化教与学环境的基础性数字化学习材料。也有学者认为，数字教材不是单纯的纸质教材的简单电子化，而是具有多媒体功能，交流与反馈功能，网络平台提供远程支持功能的教学系统。新形态教材与数字教材同样是具有数字化特征的教学材料，不同在于，新形态教材需要同时运用纸质教材和数字资源，并对二者做一体化设计。

新形态教材与立体化教材既有相近之处，又有区别。"书配光盘"是早期立体化教材的基本形态。随着信息技术的发展，立体化教材的呈现形式更为多元，既包括文字、插图，也可以是音频、视频、动画、VR/AR读物、个性化学习空间、虚拟仿真实验平台等。总体而言，立体化教材更加关注内容形式的多样性。新形态教材与立体化教材同样是纸质教材数字化的产物，区别在于新形态教材比立体化教材更注重教材体系的一体化设计、内容与资源的融合，为新型教学与学习模式提供综合性解决方案。

综上，将新形态教材的内涵界定为一种以纸质教材为基础、对多种数字资源进行一体化设计、为教学活动提供综合性解决方案的教学材料，是一种从内在形态到外在形态、从功能到使用方式都全面革新升级的教材体系。

（二）国际中文教育新形态教材资源的建设路径

国际中文教育新形态教材建设是一项复杂的系统工程，需要协同多方力量共建，应在教材理论指导和数字资源保障条件下，以工程思维科学推进。

1. 多方联动，政产学研合力共建

一是政府部门统筹规划，并提供政策与资金支持。国家语言文字工作委员会（以下简称"国家语委"）、教育部中外语言交流合作中心等政府部门应通过政策鼓励、学术指导、资金支持、科研立项等方式，推动国际中文教育新形态教材建设的总体规划与规模化开发。二是政府部门与高校协同治理，发展专业研发队伍。国家教材管理部门应加强对优秀国际中文教材的评定，并形成长效机制，加强教材编研、编审队伍培训与管理；高校教师职称评聘、绩效考核中应加大教材类成果的权重，并在国际中文教育人才培养体系中，增设包括教材编研人才在内的多元化培养方向或微专业。三是出版部门创新理念，抓住发展契机。出版部门应以"出版＋技术＋资源＋专业"模式，转变"生产者＋销售者"角色为"教育服务提供者"新角色，全面参与国际中文教育新形态教材建设，包括制定出版方案，为教材建设所需各类资源、团队组建、协作机制形成发挥作用，加大推广与宣传力度，参与后期管理、续建和运营维护等。四是信息企业加大投入，政产学研合力推进。信息企业运用技术思维和市场化思维，开发符合国际中文教材市场需求的数字产品。五是加强中外合作，基于海外需求，开发本土化国际中文教育新形态教材。

2. 加强研究，应用理论指导实践

教材的基本理论包括教材本体论、教材设计论、教材管理论、教材评估理论等。一是教材本体研究，主要包括国际中文教育新形态教材的内涵、基本属性、功能的研究，国际中文教育教材观的研究，国际中文教材与课程的关系研究等。二是教材设计研究，主要包括国际中文教育新形态教材的编写理念、原则的研究，国际中文教育数字教学资源设计与开发的研究，学习理论、知识观、课程观应用于国际中文教育新形态教材设计的研究，《标准》在国际中文教育新形态教材中的应用研究，如何根据中文特性及中文作为第二语言习得的特点对教材内容进行

立体化呈现的研究，国际中文教育新形态教材纸质教材的内容、体例、版式、插图的设计等。三是教材管理研究，包括国际中文教材选用的研究，国际中文教材编写过程管理的研究，国际中文教育新形态教材维护更新过程管理的研究等。四是教材评估研究。教材评估研究主要是对教材评估理论和评估方式所进行的研究。研究包括国际中文教育新形态教材评估指标体系的研究，国际中文教育新形态教材评估的实证研究等。五是其他相关研究，如教师对国际中文教育新形态教材的应用方式、应用效果的研究，学习者对新形态教材的学习体验研究，对国际中文教育数字资源共享平台与共享机制建设的问题研究，国际中文教育教材人才培养与队伍建设研究等。

二、智慧教材资源建设

（一）建立健全智慧教材标准体系

智慧教材是以智能技术为支撑，智慧性与教育性并存、共性与个性兼顾、现实与虚拟相融合的现代化教材。为了更好地展现智慧教材的特征，应该坚持"标准先行"的教材编写理念，建立健全智慧教材标准体系，系统构建智慧教材建设的教育标准、课程标准、技术标准和发行标准。

第一，教育标准。首先，遵循客观规律要求智慧教材的编写必须符合当下的政治、经济、文化发展的需求，保证教材内容的真实性，能够反映当代社会的发展情况，让学习者能通过教材建立正确的价值观念；其次，遵循国际中文教育学科发展规律，国际中文教育在语言教学上，仍然是第二语言教学，这就要求智慧教材编写必须符合二语习得的规律，选择适应的教学内容；最后，遵循学习者的发展规律，以学生为中心，合理安排教学内容的顺序，符合学生的习得规律。

第二，课程标准。课程标准是教材编写的重要依据，智慧化教材是在现有的纸质教材和数字化教材的基础上建立的。因此，课程标准需要在原有的标准上根据智慧教材的特征优化升级，定制拥有国际标准的智慧课程建设标准，为智慧教材编写提供参考依据。智慧化教材不仅需要关注学生知识的学习、能力的获得，还要关注学生情感、德性、价值观等方面的发展。总的来说，智慧化教材课程标准的编写必须立足育人本质，凸显学生主体地位，以促进学生的个性化发展、全面发展和自由发展。

第三，技术标准。智慧教材的智能性是以智能技术为依托来实现的，智慧教材中的各种功能都需要依靠不同的智能技术支撑。因此，应该建立统计的智能技术标准，在智能技术的研发、选取、使用等方面严格把关，使技术标准的建构更加高效便捷，满足教学和学习的需求。

第四，发行标准。智慧教材是面向国际的新型智能化教材，发行标准也是智慧教材建设必不可少的标准。智慧教材需要有发行标准，规范智慧教材的形式、结构、质量等，通过严格的发行审查，为国际中文教育提供高质量、高水平的智慧教材。

（二）优化智慧教育平台建设

智慧教材是数字化教材在智能时代的产物，智慧教材从编写到出版需要新的教育平台作为依托。因此，智慧教材的实现路径要不断优化智慧教育平台，完善智能技术，创造更加全面、科学、便捷的智慧教材实现路径。在智慧教育平台建设上要致力于完善平台的各项功能和服务，为国际中文教育提供更加适用的教学和学习环境，为智慧教材提供更便捷的编写平台。在智能技术建设和运用中，智慧教材促进教与学的活动依靠智能技术实现，主要体现在以下五点：一是创设虚实融合的学习环境，二是提供便捷化的智能辅助支持教与学活动，三是提供多样化的资源和呈现方式，四是改变教与学活动中人与人之间的交互方式，五是实现及时性、系统化的教与学评价。

由此可见，智慧教材在智能技术的选择上需要充分考虑拘束与教材功能之间的适配性，不断完善智能技术，为教材功能的实现提供高质量的技术支持。应用于智慧教材的智能技术主要有以下几类：第一，环境支持技术。智慧教材注重现实与虚拟相融合，需要通过智能技术为学习者提供虚拟化的学习场景，进一步突破时空的限制，在线为学生创造更多沉浸式的学习环境。第二，教学管理技术，可以细化为教务管理、课程管理、班级管理等。线上教学师生、生生之间的实际距离遥远，一切通知管理都是线上操作，因此，利用智能技术将教育者和受教育者紧密联系起来尤为重要，教学管理就是联系的纽带，在教与学的过程中提供便利的服务。第三，资源获取技术。智慧教材与传统教材相比，应该融合更丰富的学习资源，提供更加快捷、直观的资源获取方式，同时充分考虑学习者的学习需求，提供个性化的服务，支持学习者进行学习资源的创建、管理和共享，创新资源使用模式，促进资源的共建共享。第四，交互支持技术。教学平台需要更加智能的交互支持技术，丰富课内外的交互方式，加强学习工程中师生、生生、人机之间的深度交互。第五，数据分析技术在教学和学习过程中记录实时数据，同时客观地分析记录的数据，发现教学和学习过程中需要改进的环节，及时作出反馈。

第四章　跨文化视角下国际中文教育的专业人才培养与教师发展

本书第四章为跨文化视角下国际中文教育的专业人才培养与教师发展，依次介绍了国际中文教育专业教学能力与跨文化交际能力的培养、跨文化视角下国际中文教育专业人才培养与技能训练、跨文化视角下国际中文教师培养与发展研究三个方面的内容。

第一节　国际中文教育专业教学能力与跨文化交际能力的培养

一、国际中文教育教师专业教学能力的培养

跟一般教师比，国际中文教育教师的发展成长有其独特性。《教师标准》从五方面指出中文教师的职业能力标准：中文教学基础，中文教学方法，教学组织与课堂管理，中华文化与跨文化交际，职业道德与专业发展。下面将结合实例，讨论国际中文教育教师的专业教学能力发展。

（一）培养反思教学的能力

反思教学是指教师以旁观者身份，从教和学的角度考察本人的教学是否有效、如何改善。它将"学会教学（learning how to teach）"与"学会学习（learning how to learn）"结合起来，努力提升教学实践的合理性，使自己成为学者型教师的过程。反思教学是教师专业发展的基本过程。

《教师标准》中"教师综合素质"第一条标准是"教师应具备对自己教学进行反思的意识，具备基本的课堂研究能力，能主动分析、反思自己的教学实践和教学效果，并据此改进教学"[1]。具有反思教学的能力，才能不断提高教学和教学研究能力，使教师得到全面、持续的专业发展。

下面是归纳国内外有关反思型教师成长路径的几种方式。

第一，撰写反思日志，建立成长档案。建立文档有三个好处：记录自己的成长过程，系统整理教学经验，方便对自身教育行为和理念进行反思。建立文档是进行反思教学的基础。

第二，微格教学。微格教学是反思教学的一种方式。教师将一个简短的教案实践环节，或者一个真实的教学视频片段向同事或一个较小班级的学生呈现。呈现过程中，教师用新视角审视自己、学生和课程。教师可以与同事、专家、学生

---

[1] 国家汉语国际推广领导小组办公室. 国际汉语教师标准 [M]. 北京：外语教学与研究出版社，2008：62.

交流，发现教学中的问题，商议解决方法。通过呈现、交流与讨论，达到全方位深刻反思的目的。

第三，行动研究。行动研究是一种关注实践改进的研究模式，具体指教师对自身的教学行为进行即时监控与调节，对出现的问题进行即时研究和解决。它将教学行动与研究这两个领域融合成一体，能锻炼、提升教师发现问题、解决问题的能力，及时体现反思教学的实际价值。

第四，叙事研究。叙事研究是教师讲述自己或他人有关教育的故事，并进行相应研究。叙事包括想象叙事、口头叙事和书面叙事。个人故事发生在大教育背景之下，合理的叙事研究可以促使教师把个人经历、体验与社会生活相连，在社会背景下反省个人的教学、生活与学习，使反思不仅生动具体，而且具有普遍意义。

第五，建立教师专业共同体。教师专业共同体以教育实践为内容，以共同学习、研讨为形式，通过团体成员的沟通与交流，最终实现整体成长。教师专业共同体可以以学校为单位，也可以是校际或区域间的职业联合体。每位教师都有自己的经验，通过共同体这座桥梁，可以促进教师把潜意识中的知识、经验得到外化、确认和整理，与他人共享和相互促进，可以提高教师在专业发展中的反思和协作能力。

（二）提高教学能力和管理艺术水平

1. 因材施教

"因材施教"是孔子两千多年前提出的教育方针。教师选择教材、备课上课，都要根据学生的实际情况，了解学生的心理、性格、特点、水平，才可能使用合适的教材和教法。再好的方法，也不能千篇一律地使用。教师还应该学会适当变换方法，满足学生的新鲜感。

2. 提高对学生的观察力

"聪明"原意是"耳聪目明"。要使自己变聪明，要提高观察力。课堂上，要注意观察学生懂了没有，是否对教学感兴趣；发现问题后，要及时调整教学。"懂了吗"是不明智的提问。部分学生自以为听懂了，部分学生可能没听懂。判断学生是否掌握所学知识，一是看表情，二是做恰当的练习。如教"把字句"，可以先让学生把"SVO"句转换成"把字句";再设计几个真实情境,让学生输出。发现哪个学生练习有明显问题,说明他还没有真正习得,还需要到位的教学、训练。

3. 提高教学管理能力

中国以集体利益为重,西方国家以个人利益为重。在中国课堂上,教师居高临下,学生大多唯命是从,管理相对轻松;西方教育崇尚个性发展,照搬中国式管理不一定有用。

有一位实习教师在美国人国际学校代课,教十一二岁的学生。一次,学生们刚上完体育课,课堂上吵吵闹闹,有人交头接耳,有人做小动作。教师多次劝阻无效。事后,在有经验的教师的指导下,该实习教师和学生一起协商,制定了课堂公约,违反纪律的学生要承担后果,如警告、放学后抄课文、留堂半小时、向家长反映、见校长……惩罚逐步升级。契约法非常有效,此后的课堂纪律井然有序。

从上例可知,在西方学校,可以引进西方的契约制,让学生自己参与制定一套切实可行的规则。它维护了学生的人权和尊严,具有较强的民主性,比教师单方面颁行制定要好得多。

(三)培养科研素养和能力

要在国际中文教育行业有所建树,科研是十分重要的。科研素养和能力至少包括以下几点:文献查找和研读能力、资料收集整理能力、分析解决问题的能力、技术应用能力。

首先,教学中遇到疑难问题,除了向同行请教以外,还应该知道如何查找相关文献,清楚哪些网站、杂志、书籍可以查找,知道如何从前人研究中找到解决难题的方案,找到自己进行研究的合适的理论、方法、手段等。

其次,要学会收集、整理研究用的各类资料,如中文母语者语料、双语语料、中介语语料、教材语料、课堂教学实况材料、跨文化交际案例材料、各类学校的教学管理资料、国际中文教育史料等。

再次,要学会用理论、方法来分析这些材料,得出解决问题的答案,得出令人信服的结论。因为教学中出现的很多问题在前人研究中是找不到现成答案的。

最后,还要学会使用现代教育技术进行材料的收集、整理和统计。如中文母语语料库、双语或多语平行语料库、中介语语料库、教材语料库、教学案例库等，都应该学会使用。有时为了进行专门研究，还应该学会自己建设小型语料库、资源库。

科研素养和能力的养成需要长期训练。平时遇到难以解决的问题，要勤思、善问、多写。只要坚持不懈，科研素养和能力自然会得到提高。

二、跨文化交际能力的培养

（一）学生角度

留学生来华学习的过程中，要面对新语言和异文化两种挑战。作者认为，在教学过程中应时刻进行文化教学，并致力于培养学生的跨文化交际能力，帮助学生树立正确的跨文化交际观念，尽量避免交际中出现文化冲突。

1. 在教学中给学生营造一个跨文化交际的环境

语言环境意义重大，在目的语环境中学习，更易掌握目的语。教师应避免使用英语等中介语，尽量使用中文并用非语言行为辅助理解，同时在操练时对话的设置也要尽量符合中文思维，形成比较真实的交际场景。还可以根据所学内容，给学生安排语言实践活动，让学生在真实的环境中学以致用。业余时间也可以安排一些学生感兴趣的汉文化体验活动，如包饺子、穿汉服等。

2. 调动学生学习中国文化的积极性

国际中文教育的目的是培养学习者用中文进行交际的能力，教师可以用不同的方法引入文化教学。例如，在学生疲惫时讲解中国文化知识，同时可以播放视频，多听、多感受，让学生更加深入地了解中国文化。

3. 培养学生用中文思维进行跨文化交际的能力

在教学过程中教师应把中国文化和跨文化交际意识渗透在各个方面，虽然母语文化的影响是根深蒂固的，但学习者耳濡目染，可能会不自觉地用异国语言和思维方式等进行交际。

（二）教师角度

1. 培养教师的跨文化交际能力

首先，教师应学习丰富的跨文化交际知识，充分了解交际与文化以及不同的文化是如何影响交际的。其次，教师应具备跨文化交际的技能，要有灵敏的跨文化意识，才能正确地理解文化差异。最后，教师应建立正确的跨文化交际态度，只有拥有包容、开放、尊重的文化态度，才能更好地从事国际中文教育教学工作。

2. 培养教师的跨文化交际教学能力

除了具备跨文化交际能力以外，教师还需具备跨文化交际的教学能力。作为中华文化的传播者，中文教师不能仅仅讲授中文知识，还应了解学者的母语文化，将其同本族文化进行对比教学，帮助学生培养跨文化交际能力，建立宽容、开放、尊重的态度，这有助于学生熟悉目的语。同时，教师在安排课堂任务和教学活动时应注意学生的文化背景，根据学生的文化背景和语言水平选择合适的教学方法，让学生能够在舒适的环境中学习语言。

（三）注意文化教学应遵循的原则

1. 要有针对性，循序渐进地进行教学

语言与文化的联系密切，文化教学要为语言教学服务，而不同阶段的学生对文化的需求也不同，教师要对症下药。例如，初级阶段，学生词汇量较小，此阶段的词汇教学可以从汉字方面引入文化教学，先调动学生学习中文的兴趣和积极性，后期再慢慢渗入。中级阶段逐渐加入中华文化内容教学，例如，"相声"一词，可以引入相声中的词语文化现象。高级阶段则直接讲解文化内容，同时培养学生在交际中用中文进行思考的能力。

2. 要有代表性，注意文化的时代性

中文教学可以培养学习者的语言交际能力，中华文化历史悠久，教师应教给学生具有代表性的词汇与文化。例如，"吃饭了吗"，很久之前我们常常这样问候彼此，然而在现代社会，我们很少使用此类问候语了。

第二节　跨文化视角下国际中文教育专业人才培养与技能训练

传统的人才培养方式以知识传授为主，注重培养学生学习和研究的能力。外语教学是实践性很强的活动，对以中文作为外语的教师来说，中文教学技能的训练和培育更为重要。

为适应中文学习者快速增长的形势，培养更多合格的中文师资，国务院学位委员会办公室（以下简称"国务院学位办"）于2007年设立应用型"汉语国际教育硕士"专业学位，并颁布相应的《培养方案》，提出培养具有熟练的中文作为第二语言教学技能、良好的文化传播技能和跨文化交际技能的专门人才。这些是国际中文教师必备的能力。要成为一个称职的、高水平的中文教师，还应该有相应的研究技能。这些技能的培养，需要教师参与大量的实践活动。以下论述中文国际教育人才的培养方式：

一、语言教学技能

语言教学技能是中文教师必备的核心能力。这种能力，当然需要中文本体知识、中文作为第二语言教与学的知识作为基础。但是，大量的教学实习和实践对于教学技能的培养更为重要。只有"做中学，做中教"，参与各种教学实践，才能逐渐积累经验，形成教学能力。实践应该循序渐进，可分为"见习""实习"两大阶段进行。

（一）见习阶段

在见习阶段，每位学生有固定指导教师，随时观察、指导见习活动，保证见习活动能收到应有的效果。见习包括三个步骤：课堂观摩、模拟教学、试讲。可在一学期完成。

步骤一，课堂观摩，包括实地观摩和以录像等形式呈现的教学观摩。学生可在教师指导下，将中文二语教学理论知识与观摩到的课堂教学联系起来，并加以分析，理解具体教学安排的目的和意义。可以观摩多种课型的教学，体会特点。通过观摩，学生可以逐渐了解教什么、怎么教等基本问题。

步骤二，模拟教学。学生选择某一课型、某一教学单元，在教师指导下撰写教案；模拟真实教学，根据教案进行讲课和无学生的模拟教学；教师评点教案和模拟教学，提出改进方案。

步骤三，试讲。在模拟教学基础上，学生在真实课堂试讲一两次课。指导教师在试讲前给予具体指导；试讲时随堂听课；试讲后及时评点，提出改进方案。

（二）实习阶段

在实习开始前，先集中培训，按课型特点分别给予学生针对性的指导。为每位学生安排熟手教师进行全程指导。指导方式有互相听课、撰写听课报告、撰写教案、解决学生教学中的实际问题。学期中安排专门的课型教研活动，为学生提供更多答疑解惑的机会。

通过全程见习实习，学生能把所学知识跟具体的教学实践结合起来，有效积累教学经验，培养中文教学能力。

二、文化传播技能

文化传播能力的培养有两种方式。

（一）传统的授课或讲座方式

《培养方案》的课程设置部分中，中华文化与传播类的课程占有重要位置。各高校除了开设中华文化知识类课程以外，还会设置如书法、太极拳、古筝、剪纸等中华才艺类课程，为学生掌握中华文化知识和技艺创造有利条件。

（二）实践式培养

让学生参与各项文化传播活动，在实践中获取经验。可以在教师指导下，让学生自主策划、组织文化传播项目，传播对象为在校的中文进修生和留学生本科生，或国际学校的中小学生。在策划、组织工作中，要解决各种问题。在选择主题、设计活动方式时，需要考虑举行电影节还是访问中小学？介绍太极文化还是制作中国印章？具体问题如资金利用、人员分工、租借布置场地、设计舞台效果等。活动后，要在教师指导下总结、反思，对参加活动的留学生进行调研，以便改善后继的文化活动。类似实践，锻炼了学生的文化传播能力，为其在海内外独立从事文化传播打下坚实的基础。

三、论文写作能力

论文写作能力的培养主要聚焦问题导向。汉语国际教育硕士专业学位为国际中文教育行业培养人才，而培养目标能否实现，很大部分体现在学位论文能否推动行业发展上。要推动行业发展，当然就要解决行业发展中的实际问题。问题导向，可以从四个方面讨论。

（一）选题

在国际中文教育（包括教学、工作）实践中找到存在的具体问题。例如，在美国怎样教小学生汉字？学生使用 App 词典的情况如何？中文国际教育的历史教材和当代教材有何异同，有何传承关系？学生某些语言点偏误（今天一点儿冷／教室里不会抽烟）的真实原因是什么，如何教授、练习这些语言点才能让学生更好、更快地掌握？特定教材的语言要素和交际技能教学、话题和文化点的选择和呈现有什么特点？能让学生有效提高语言和交际能力吗？如何通过具体的文化活动有效传播中华文化？中华文化如何跟当地文化相互结合，从单向的文化传播优化为双向的文化融合？

上述问题，应由学生在实践中自觉发现，应是真实、具体的问题，才有可能写出高质量的学位论文。

（二）材料

真实问题的解决，必须使用真实有用的材料。例如，要了解学生如何学习某个语言点，就需要有合适的、足量的学习者语料；要考察师生如何互动，教师如何促进学生输出，就必须有真实教学过程的录音录像材料；要具体考察特定的孔子学院如何运作，就应该有该孔子学院全面、系统的资料，包括教学大纲、课程设置、教材、教师、管理部门和管理机制等；要对比相关教材，就应该有教材在选择、呈现、解释、练习有关语言要素、交际技能、话题文化等方面的具体事实和数据（静态），最好有教师、学生使用该教材的相关调研（动态）。

（三）方法

科学运用不同的理论、模式、方法、手段，有效促进问题的研究和解决。理论、模式、方法、手段等，要适合自己的论文题目，一定是真正有助于实际问题的解决。

（四）结论

结论不能空泛，应该对第一点提出的具体问题，给出具体的解决方案；即使不能全部解决，起码也能提出部分解决的方案。

贯穿于上述四点的是创新思维。在发现问题、收集材料、分析解决问题时，始终要清楚自己的论文与前人有何不同？创新点在哪里？能够在哪些方面促进行业发展？

第三节　跨文化视角下国际中文教师培养与发展研究

一、国际中文教师的基本素质

下面从个人素质、知识储备和能力结构三方面，对国际中文教师的基本素质进行讨论。

（一）个人素质

1. 责任心和事业心

国际中文教育是一项需要全身心投入的事业。优秀的教师应该做到"以此为业、以此为乐、以此为荣、以此为善"。这样才能够长期维持工作热情，积极反思和解决教学中遇到的问题，不断提高教学、科研能力，从而得到全面发展。

事业心的具体表现是善待学生，备好、上好每一节课，让每个学生通过学习，真正提高中文交际能力，加深对中华文化的了解和认识。

2. 亲和力

亲和力是国际中文教师的基本素质。有亲和力的中文教师，容易获得学生和同行的认可，容易在事业上取得成就。亲和力主要表现在两方面。

（1）善待学生

要时刻了解学生需求，关注学生反应，并根据学生的实际情况及时调整教学内容和方式。一位美国教育家指出，师生关系决定学生的兴趣。师生关系不好，会影响教学效果。需要注意的是，善待学生不等于取悦学生。

（2）善待同事、同行

优秀教师可以跨越性格乃至文化差异，与同事良好合作，打造良好的人际关系，营造和谐的工作氛围，以促进专业发展。

3. 良好的心理素质

国际中文教育会遇到许多意想不到的问题。在复杂的环境中，中文教师应培养良好的心理素质、良好的预判能力和解决问题的能力，以应对、处理遇到的各种困难，包括突发事件等。

（二）知识储备

1. 中文知识

中文教学的实施者，需要掌握现代汉语语音、词汇、语法、汉字等方面的基础知识，能对学习中出现的语言问题进行解释和分析。掌握中文知识是为了满足中文作为外语教学的需求，而不只是为了研究中文本体。中文专业的毕业生应根据教学需求使用相关知识。如上课时有学生问，为什么可以说"他真好"，不能说"他是真好的老师"，又可以说"他是很好的老师"。有了基本语法知识，就可以给学生解释清楚：汉语程度副词有的用于陈述句，如"很"；有的用于感叹句，如"真"。

2. 外语知识

教师具备相应的外语知识，不仅能够进行交流，还能在语音、词汇、语法等方面进行有效的汉外对比，发现母语迁移在学习中的表现，有效指导教学。例如，很多国家的中文初学者容易混淆"一点儿、有点儿"，说"我一点儿累"。通过汉外对比就能找出原因：不少语言对应中文"一点儿""有点儿"的可能是一个词（如英语 little），学生难以辨别；从学习顺序看，通常先学"一点儿"，后学"有点儿"。因此，二语学习者容易误用"一点儿"代替"有点儿"。

3. 跨学科知识

国际中文教育是多学科交叉产生的新兴学科，教师必须具备语言学、教育学、心理学、跨文化交际学等相关学科的基本知识。同时，还应该学以致用，能够把这些知识融会贯通，综合运用于教学实践当中。

新教师上课，习惯用讲授知识为主的方法，学生通常没有兴趣。如果能熟练运用外语学习中"i+1"可懂输入、"i+1"可懂输出的互动、协同教学法，就可以更好地完成教学任务了。

（三）能力结构

国际中文教师应具有三种能力：教学能力、跨文化交际能力、文化传播能力，要培养具有"熟练的汉语作为第二语言教学技能""良好的文化传播技能""跨文化交际能力"的专门人才。

1. 教学能力

教学能力是中文教师能力结构的核心，包括海内、海外中文教学能力，教学组织和课堂管理能力。以下从备课、教学实施与测试三方面进行讨论：

第一，备课，要具有较强的教学设计能力和对教学资源的综合利用能力。教师应能根据教学大纲制订合适的教学计划，根据课型特点设计合理的教学活动，编写详尽、规范的教案，以完成教学任务。选用合适的教材，对其进行消化、取舍和处理，也属于教学设计能力。

第二，教学实施，要有出色的课堂管理能力、较强的口头表达能力以及熟练使用现代教育技术的能力。教师应有能力掌控教学节奏，通过互动营造和谐的课堂氛围，组织实施设计好的教学活动，引导学生完成教学计划，并能恰当处理课堂发生的各种意外情况。

第三，测试，主要用于评估教学效果。教师应该掌握测试和评估的基本知识和主要方法，能根据不同的教学目的，选择或设计合适的测试方式对学生进行科学的评估。此外，还应知道如何分析测试结果，如何根据测试来调整、改进教学。

2. 跨文化交际能力

每个第二语言教师都应具备文化意识和文化敏感度，对其他文化有充分的了解、理解和适应；应该具有全球化思维能力、开放的心态和多元文化意识，具备跨文化交往的技巧，能减少、避免文化冲突，有效地进行不同文化的融合。

3. 文化传播能力

语言是文化的重要载体，语言教学伴随文化传播。中文教师必须具备文化传播能力，准确、恰当、有效地进行文化传播。

中华文化传播能力可分为"内功""外功"。"内功"要求教师对中华文化有广泛、正确的了解，通过有意识的学习和积累，掌握足够的知识；"外功"指恰当、有效地进行文化传播，而不是简单地对学生进行文化灌输。有效传播能力的培养，可以从内容、方式两方面考虑。

首先，要能选择合适受众的传播内容。

其次，要学会使用适合受众的方式和手段，激发受众的学习兴趣。如在欧美国家，可以充分利用学生喜欢动手的特点，设计合理的方案，引导、帮助学生营造并体验真实的中国文化氛围。

最后，目的语文化的介绍应该结合当地文化。应该让学生在多项文化对比中来体验目的语文化和母语文化的异同，进行有效的理解和适度的融合。

二、信息技术与跨文化结合背景下的国际中文教师培养与发展

（一）中文教师具备信息素养的必要性

1. 信息技术新形势下中文教师面临的任务

现代化教学成功与否，在很大程度上取决于教师是否具备信息素养。

事实上，不同学科的教学对技术的依赖程度和依赖方式差别较大。就目前的情况来看，现代媒体技术在技术学科中的应用相当普遍，效果也相当明显。原因是这些学科本身具有一定的技术含量，从事这些学科的教学人员具有掌握现代信息技术的先天优势（如物理教学、计算机教学等）。然而，开展国际中文教学则是另一回事。语言是人与人之间直接或间接的交流工具。语言教学离不开人的参与，人的因素在语言教学中所占的比重高于其他学科。因此，有必要科学地理解和正确把握语文教学过程中的技术因素和人的因素，并将它们有机地结合起来，从而创造出超越现有模式的教学效果。

无论是在中文课堂上应用网络技术，还是在网络上构建虚拟的中文教学课堂，都对网络中文教学的发展起到了积极的促进作用，丰富了中文教学的模式，与此同时也对中文教师有了更多的要求。

未来的中文教师应具备更高的电脑操作技能，掌握现代教育技术的基本原理，对远程教学的发展有一定的洞察力；研究新技术对语言教学理论所产生的影响，探索现代教育技术如何指导中文远程教学，总结并发展中文远程教学模式；开展国际性的分工合作，发挥各自的优势，共同策划、编写教材，开发和制作课件，共同组织教学，共享教学资源，成为国际远程教学的合作者；利用一切可利用的信息技术手段，建立与学生沟通的渠道，成为学生主动建构知识的帮助者和指导者。目前已经出现了中文网络教师、中文远程教师，他们有的在幕后策划、组织

远程电视会议讨论，有的在网络上定时通过语音或视频为学习者答疑解惑。随着远程教学的发展，中文教师的职能、与学生的关系、教师队伍的结构都将发生重大变化。教学不再局限于使用教室、黑板、粉笔。

2. 面向跨文化中文教学的形势需要

（1）信息素养是未来教师必备的素养

信息素养越来越受到世界各国的关注，并逐渐成为从小学到大学教育目标的一部分，是教育的基本需求，同时也被纳入人才评价体系，成为评价人才综合素质的重要指标。人们不仅重视信息素养评估，而且还出现了检验信息素养的信息素养评估工具。

（2）信息素养是中文教师必备的能力

各学科的信息素养教育与该学科的特点和要求有关。信息素养教育为学科培养具有信息素养的人才，从而促进学科教学理念、教学目标、教学内容、教学方法和评价的改革。

针对中文教学领域的信息素养教育，其主要任务是培养国际中文教师，使之拥有适应信息化社会中文教学所必备的才能。通过信息教育，提高中文教师的信息素养，满足信息化社会中文教学的需要，促进中文教学的顺利开展。实际上，在日常的教学资料等文件管理和命名方式、收发邮件时的表述方式、教学内容的呈现方式、通过网络发布信息的习惯和解答问题的态度等方面，都表现出信息素养的水平。因此，我们要对其充分重视，并把信息素养教育提到议事日程中。作为信息时代的中文教师，在应用信息技术开展教学和研究的时候，应该表现出应有的信息素养，担负起时代的责任。中文教师代表的是一个有着几千年历史文明古国的形象，传播中文教学的同时也传递出中国人的人文情怀，体现出具有时代特征的中文教学工作者的人文面貌和技术水平，绝不可小觑。因此，培养中文教师信息素养是信息时代发展的要求，它直接关系到教学水平和研究水平，决定着教师自身的竞争能力和生存能力。

3. 时代的责任

在现代教育技术的大背景和大环境下，中文教师的历史责任就是要努力研究中文教学理论和实践，利用信息技术创新教学模式和教学方法，以适当的技术手段促进教学活动的开展和教学效果的提高，创造优质和丰富的教学资源，以满足中文教学的各种需要。中国教师的信息素养作为外语的能力是指将信息技术与教学国际中文的课程，包括信息化教学设计的能力、信息化教学内容处理的能力、创造语言交际环境的能力以及培养语言技能的能力，其中包括听、说、读、写、译。国际中文教师的信息素养是更新国际中文教师知识结构的一个重要方面。

我们不能仅仅维持现有的知识和技能，应积极地投身到不断革新和成长之中。

（二）信息技术与教师教育

教师信息素养教育日益受到关注，已经成为教育发展的重要内容。信息技术水平的衡量和评价标准也已经形成一定的方法。

1. 信息技术与教师教育的具体研究

信息技术与教师教育已逐渐成为教育技术领域的一门专门学科，主要研究如何对教师进行信息技术培训，使教师在其所从事的领域中更好、更自觉、合理、有效地使用信息技术，最终具备信息素养。

具体研究包括技术培训的应用、信息技术对教学效果的影响以及应用信息技术开展成功的教学方案。

2. 信息技术与教师教育研究方法

开展信息技术与教师教育的研究方法有如下两种：

（1）经验理论

经验理论认为，科学的方法是研究人类行为唯一正确的方法。从经验主义出发，我们可以认为外部客观世界是可以被认识、被量化的。因此，我们可以通过提供有关计算机在学校中使用情况的精确描述，了解教师教育方面实际的技术应用情况。

（2）解释理论

解释理论与心理学建构理论相关。解释理论认为，要重视案例研究和专业实践性研究，倡导"参与性研究"。研究内容包括相关政策研究、师生态度研究、教学应用研究、培训计划研究、总结与反思、计算机辅助教师教育研究等。

信息社会的发展需要教育信息化。"教育信息化"就是在教育过程中充分利用以多媒体、计算机和网络通信技术为基础的现代信息技术，促进教育的全面改革。对国际中文教学来说，这一信息化进程应该说是刚刚开始，任务艰巨，发展前景广阔。

3. 教师教育的途径

信息技术在不断地发展着,各种现代教育技术理论和方法在不断地涌现。因此,从信息素养的角度来说,具有独立学习的能力和社会责任是必要的。信息社会将伴随着技术的发展和技术应用而不断地要求教师进行学习和思考,以适应新的需要。

首先,要使教师在思想上重视,有积极的心态;其次,在实践中要不断运用新技术和新方法去探索教学理论和教学方法;最后,从责任和道德方面要求和约束自己。提升信息素养的方式有很多,如参加培训(脱产学习和非脱产学习)、工作中自我学习、教师间互相交流等。

第五章 跨文化视角下国际中文教育课堂教学及实践

　　本书第五章为跨文化视角下国际中文教育课堂教学及实践，主要介绍了四个方面的内容，分别是国际中文教育课堂教学行为研究、国际中文教育课堂语言要素教学方法、国际中文教育课堂教学中的语言操练技巧与策略、跨文化视角下国际中文教育课堂教学实践案例分析。

第一节　国际中文教育课堂教学行为研究

一、教师必须研究课堂教学

大范围提升教学质量、提高教学效率、深化课堂教学改革已经是教师时刻探索的重要课题，也是国内各级学校教学工作的根本目标，更是教育科学研究的实践意义。国际中文教育的教学水平和教育质量目前来看还有很大提升空间，为此，国内外有的研究学者认为要以学生的学习习惯和学习过程为切入点，进一步研究提升教学质量的路径，有的学者还提出应该以教学为研究重点，有的学者则认为提高国际中文教学教育质量先应研究中文。这三个观点，我们将第一个称为"习得说"，第二个称为"教学说"，最后一个则称为"本体说"。

上述三个观点都是以提升国际中文教育为目标提出的研究思路，三者看似出发点不同，实则都有一个共同点，都认为提升教学质量和教育水平须进行科学的研究。而就具体研究内容，各位学者产生了分歧。

此前有心理学家针对教师专业水平和教学水平之间的关系进行了实验研究，研究证明，只有教师专业水平低于教学岗位门槛时，教师的专业水平才会对学生成绩有较大影响。如果教师专业水平高于岗位标准时，对学生学习成绩影响不大。也就是说，并非教师的专业水平越高，学生的学习成绩就越好。教师在做好教学这一本职工作的同时，还应该研究教学规律、探索教学方法，以提升自身教学质量。因此，想要充分认识并理解国际中文教育这一学科的性质、特征和教学规律，就应该正确认识其教学思路，将教学研究和教学服务整合为一个整体。

"国际中文教育"是一门具备教学活动的教育学科。其中，"教育"是这一学科的中心内容，"中文"和"国际"都是修饰词。国际中文教育这一学科理论知识属于应用理论范畴，且这些理论是可以直接指导教学活动的。可见，教学应该是这一学科的"根本"，是首要目标。因此，教师应该以研究教学为根本目标，这才是提升教学质量的关键。

以教学为研究重点的"教学说"并不是否定了研究中文本身这一观点，也不是排斥外国人学习中文，而应该从教外国人的角度对中文进行深入研究，或许从教中国人的角度并不会发现什么问题，但是对外国人来说存在中文难以理解，或者不能够熟练运用的现象。如果能够充分掌握外国人学习中文时的规律、特征和难点重点等，或许就能从一定程度上避免教学的盲目性，从而大大提升教学效果。站在这个角度，如果可以培育出更多国际中文教育的心理学家和语言专家，那么确实是一件可喜可贺的事。

吕必松将国际中文教育的整个过程分为四个环节。第一个环节是总体设计，即针对各层级教学对象开展不同的课程设计，针对不同的课程设定不同的教学词汇大纲和语言大纲，确定教学内容；第二个环节是教材编写，即对前沿的教材编写理论进行深入研究；第三个环节是课堂教学，也就是教师的主要工作内容，是四个环节中的关键性内容，在课堂教学中学生需要掌握语言知识，这是提升语言能力的重要途径；第四个环节是测试，主要指研究如何以考试为指导进行课堂教学管理，并将课堂学习内容与学分考核接轨。国际中文教育的四个环节中，课堂教学是核心环节，其他三个环节都是以课堂教学为中心展开的，属于为课堂教学服务的内容。因此，研究教学的根本在于以研究课堂教学为重点，掌握课堂的教学方法和教学规律。

二、研究课堂教学主要研究什么

课堂教学的研究应该以研究"如何教"为目的，明确教学意识，规范教学行为。

教师应当以教材为主，引导学生学习知识与技能，这个过程应该是"教"与"学"的统一，需要学生与教师两者共同完成的教学活动，

语言课堂是将语言信息进行控制性传递和反馈的过程。这个过程由语言信息源、信息传递通道、信息传递者和信息接收者四部分组成。第一部分语言信息源以教材提供的教学内容为主；第二部分是信息传递通道，即课堂这个教学环境，其中，教学时间和教学形式都属于课堂这一范畴；第三部分是信息传递者——教师，包含教师的教学行为与教学意识，以及采用的教学方法；第四部分是信息的接收者，即学生。

由此可见，教师、学生、教材和环境在影响课堂教学质量的众多因素中占据主要地位，其中，教师和学生是最为活跃的两个主体因素。教师"教"的过程和学生"学"的过程贯穿了课堂教学的始终。因此，只有充分调动这两个主体的积极性，才能活跃课堂氛围，提升课堂教学的效率。

学生和教师是作为矛盾双方主体而存在着的，二者在课堂教学过程中扮演的角色和发挥的作用都是不同的。教师作为课堂教学的主体，在"教"的过程中起着主导作用，也是矛盾的主要方面，因此，教师也是能否提高教学质量的决定性因素。从学习的过程来看，学生"学"的过程则转变为矛盾的主要方面。由此可见，在教学这一过程中，矛盾双方主体是互相转化的。

教师作为提升教学质量的关键性因素，其思维、想法和感觉等都会直接影响教学质量。值得注意的是，教师的"教学行为"和"课堂教学意识"都会影响教学质量。

"教学行为"指教师自身所具备的教学思想、原则和外在表现等，教师的教学思想、意识直接影响教学行为，而教师的教学行为直接关乎教学质量，这种关系是直接相关的。与此同时，教师的教学行为也是教师教学意识的外在表达。"课堂教学意识"不仅仅包含教师的思维与想法，还包含教师对课堂教学的认识，以及其认为应该遵守的课堂规则。也就是说教师课堂教学行为是课堂上教师的活动方式和教学方法的统称。由此可见，教师的教学思想和教学原则在大脑中经过转化可以转变为教学"意识"，对课堂教学的研究应该将教师的教学行为和教学意识结合起来，就可以从中发现一定的教学规律。

教师在课堂中的教学行为是多样且复杂的，这些教学行为总体上可以分为两类，有的教学行为中能够帮助实现教学目标的是有效的，有的无益于教学目标的实现则是无效的。

教师在整个课堂教学过程中应该有目的、有思想、有意识、主动地增加有效教学行为，尽量避免并防止无效教学行为的发生，阻止产生阻碍教学目标实现的不良效果。有关国际中文教育教学中，教师的教学行为是帮助学生掌握课堂知识和教学内容，并将其转化为专业能力的关键性因素。教师如何教？只有充分掌握了这个要领，端正教学思想和教学意识，才会增加更多的有效教学行为，进而提升教学质量。

三、"讲解"和"指导学生操练"是最重要的教学行为

课堂教学中"讲解"和"指导学生操练"是发生频率最高的教学行为，因此，应该就如何讲解、如何指导学生操练展开相关研究。

课堂讲解与指导学生操练应该秉承着以"精讲多练"为原则，进行相关课堂教学。"精讲"是教师精讲，"多练"则为学生多练，都是课堂教学的核心。

"精讲"有两层含义，第一层含义是内容层面上，指代讲述的内容必须经过挑选，讲究"少而精"，只讲课堂教学有关的内容。第二层含义是讲课方法层面上，指用简单的方法和最少的语言将课堂内容给学生讲清楚。"多练"则有三个方面的含义。第一个含义是课堂教学中讲和练的占比，练比讲的时间要多；第二个含义是全面深入练习，练习应该面面俱到；第三个含义是在一定时间内，学生应该通过反复、大量练习，以达到对所学知识充分掌握的程度。

此外，精讲多练还有这样一层含义，指先讲后练。讲的目的是更好地进行练，以讲为基础，练才能达到预期效果。这说明不能盲目进行练习，应该进行有方法、有目的的训练。精讲多练的目的是增加教师的有效教学行为。

教师在讲解的过程中应该运用通俗易懂、简明扼要的语言，通过直观、启发式的授课方法，掌握如何有效控制外语的使用等。

（一）简洁正确

教师在讲课时，应该秉持简洁、正确的原则，无论是讲解语法还是陌生词，都是讲课的基本。

（二）浅显易懂

国际中文教育面向的教育群体往往是外国人，鉴于他们的中文能力是有限的，因此，在讲解的过程中，应该用简洁明了、通俗易懂的语言帮助他们理解课堂所学。如果教师运用学生难以理解的语句来解释生词和语法等，学生就可能反感。教师应该运用简明扼要的语言帮助学生理解词语，带领学生探索语言中未知的领域。

（三）直观性

教师在讲课过程中应该运用直观的实物表达，例如，图片、图表和卡片等，

还可以运用板书和肢体动作，帮助学生理解词语，增强学生的记忆力。

（四）启发式

启发式授课的关键应该是引导、积极调动学生的学习思维和能力，帮助学生最大化地发挥对语言的认知能力。课堂中，教师应该锻炼学生主动思考的能力，能让学生自己做的就让他们自己做，不能什么都亲力亲为。启发式课堂教学的方法如果运用得当，就能大大提升课堂教学的效率。教师不能因为害怕浪费时间，在学生自主练习的题目中就帮助学生完成训练，也不能因为提出的问题没有学生可以回答得出来，就一直等着。而应该由浅入深、循序渐进地教学，一开始提一个难度较小的问题，等同学都掌握之后，再出一个难度相对大的题目进行训练。

（五）对外语的使用应该控制得当

教师在讲课过程中应该适当使用外语。课堂交际在一定程度上可以锻炼学生的交际能力，如果教师使用外语，应该在何种情况下使用呢？课堂讲解时，难免会遇到生僻词、抽象词，此时或许用中文是难以解释清楚的，用外语就可以直截了当地讲解明白。因此，在这种情况下是可以使用外语的，且在国际中文教育中要求教师至少精通一门外语。外语的使用是为了秉持精讲多练的授课原则，大多数情况下还是要求尽量使用中文，必要时使用外语可以直截了当地讲解清楚词汇。

学生在教师的指导下进行练习，第一个考虑的要素应该是学生练习的效率，然后还要考虑训练题目的针对性和难易程度，以及题目的趣味性和控制性等因素。

第一，效率。指导学生进行练习应该注重效率，尽量避免无效率练习和低效率练习。学生的训练题应该对应课堂所学，围绕知识点进行练习，巩固知识，从根本上提升学生的语言能力。有效性训练应该从学生的实际需求出发，训练的题目也必须是学生实际交流中可以用得到的。例如，汉语拼音中所有的声母和韵母并不都是可以拼起来的，其中b、p、m、f只和u拼，不与其他合口呼的韵母拼，也不和撮口呼的韵母拼。一般情况下，一个音节由四个声调组成，但也有部分音节是没有声调的。例如，zen在发音中一般只有第三声。可见，中文音节的学习和训练还需要从实际需求出发，尽量避免练习一些用不到的音节。

第二，针对性。课堂练习需要具体问题具体分析，让学生进行有针对性的练习，将"学生的困难"放到实际操练中，哪里有问题、哪里不会，就练习哪里，教师在教学内容方面也需要针对"学生的困难"。从教学对象的角度来讲，应该让"困难的学生"进行着重练习，解决他们在课堂中遇到的难题，而对于那些已经掌握的学生来说，则可以进一步提高要求。总之，针对性训练可以解决"学生的困难"和"困难的学生"，提升学生整体学习能力。

第三，难易程度。教师应适当把握学生练习题的难易程度，以提升课堂教学的效率。通常情况下，学习成绩中等的学生在练习题上稍加思考就能完成课堂训练，但是一个班级中学生的学习能力与水平往往是参差不齐的，同样的训练题对学习成绩好的学生来说是容易的，对于学习成绩中等的学生来说稍加努力就可以掌握，而对那些学习稍微吃力的学生来说可能会较难，这对教师来说是矛盾的。语言学习不仅仅受学习内容的影响，有时候练习方法也会对语言学习造成影响。例如，教师上课提问时，成绩较好的学生就可以轻松应对教师的提问，而学习暂时吃力的学生则需要教师的提示，并以稍慢的语速来回答。因此，课堂练习题目的难易程度都会影响学生学习的效率，教师应该运用难易适中的题目进行课堂练习，以解决学生水平参差不齐的问题。

第四，趣味。课堂练习中应适当增加趣味性，吸引学生主动思考，引导他们解决问题，让课堂练习变成学生愿意做的一件事。可见，练习是主动性还是被动性，都会对学生练习的效果造成影响。兴趣代表了人的一种趋向心理，如果人们对某件事产生兴趣，就会愿意为之付出行动，此时，人们往往也较容易集中注意力。但是哪些课堂内容是学生感兴趣的？哪些内容又不是？实际上那些比较贴近学生生活的内容，以及具有鼓励作用的内容学生反倒喜欢学，愿意去学。如果从学习方法上讲，通过具有比赛性质的方法的训练可以提高学生的兴趣，吸引他们完成练习。

第五，控制。练习方法在一定程度上可以帮助学生控制其思维。在课堂训练中应尽量使用问答、改句子等形式，控制学生思维，避免使用让学生描述新闻、口头造句等无限制自由对话的练习方式。

课堂教学控制学生思维的目的是控制教学的节奏，减少学生犯错误的次数。

课堂中学生犯错误少,就会提高学生学习的积极性和主动性,进一步增强其学好中文的信心。且课堂节奏不能过快,也不能过慢。过快,学生较难理解;过慢,则不利于锻炼学生的思维,降低积极性。合理把握课堂教学节奏是较好完成课堂教学的重要途径。总的来说,作为教师,应该将研究重点放到教学中去,尤其是教师的教学行为和教学思想,这是提高课堂教学的关键所在,也是根本。

第二节　国际中文教育课堂语言要素教学方法

一、语音

语言依靠语音表现出一种物质的外在形式。语音训练的学习是众多语言要素中必不可少的一部分，也是贯穿国际中文教育始终的重要任务。在初级阶段的语音学习中，要求学生掌握语言的基本发音，可以辨别发音之间的区别。掌握了语言发音之后，再进行词汇、汉字与语法的学习，从而加强语音训练，有问题则及时改正。从学习到训练的整个过程希望学生可以完全掌握语言的正确发音。

（一）声母、韵母教学

教师通过给学生示范，让学生进行模仿。在示范过程中，教师可以给学生展示器官示意图，并采用夸张的发音方式，学生可以通过观察不同发音口型的变化特征来学习如何发音。以发音特征为主，教师进行分组对比教学，例如，将送气音和不送气音分两组，还可以采用吹纸条的方式进行发音口型特征的对比。在发翘舌音时，教师可以向学生展示发音器官示意图，同时采用手势进行细节讲解，可以用四指并拢并稍微上翘的手势向学生解释发翘舌音时的口型特征。对于语音教学中韵母的学习，可以从六个基本元音教起，在学习元音之间通过单元音分别与元音、鼻辅元音之间的组合进行整体发音的方式。这样的教学方式让学生有一个由浅入深的过程，使学生掌握多种发音方式。

（二）声调教学

教师可以向学生展示普通话四个声调的教学示意图，帮助学生熟悉并掌握声调的发音特征。以一声、四声、二声、三声的顺序展开教学。因为三声在声调上和其他三个声调有明显不同，学生可以感受到三声是有音调高低变化的。通过三声的教学，可以弱化其单独教授，且在实际运用中，读出全三声的情况其实是较少的，因此，学生在三声学习上对自己的要求不用太高。变调是整个声调教学过程中的重点和难点，变调在中文中主要出现在连续语流中的三声变调，此外，"一"

和"不"两个字常出现变调。以前人总结的变调规律为主,在声调练习时教师需要引导学生反复进行,进而培养学生强烈的语感。其中,轻声也属于变调的范畴,需要特别练习,轻声可以从听和读两方面进行训练。声调中轻声与四个声调对应,因此,教师在课堂训练中应该将轻声与其他四个声调结合起来。还需注意像"东西、月亮、地方"等同形的轻声和非轻声词,练习时就可以通过阐明词语的意思进一步帮助学生掌握发音。

二、词汇

词汇之于语言如同材料之于建筑。因此,国际中文教育教学的核心还是词汇。从词汇的学习与积累开始,帮助学生提高词语造句的能力,为后续句子应用、段落理解以及篇章学习打下坚实的基础,提高中文听说读写的综合能力。词汇教学往往和其他语言的词汇学习是不同的,要求学生熟练运用词的发音和写法,并掌握词的含义及用法等。因此,在词汇教学中应该突出重点词汇的学习与用法,不要过度延展。

(一)直观演示

教师向学生展示图片、实物或音频时,可以配合动作与表情演示,进一步调动学生的感觉器官,引导学生参与到课堂的互动中。在讲授生词时,例如,动物类词、水果类词、动作类词,可以将生词和现实情景结合起来,帮助学生更好地理解与记忆。

(二)分类组合

在讲授词汇时,可以根据不同词语之间的对比、共同点、关系类别等特征,进行组合、拓展教学。教师根据教学内容,还可以用时间词、近义词、反义词、颜色词等标准进行词语分类,这种按类教学的教授方法,在拓展所学词汇量内容的同时,便于学生归纳总结。

(三)语素拓展

语素拓展也是帮助学生理解与记忆,扩大词汇量的词汇教学方法。语素作为中文最小的语音语义结合体,可单独成词,也可组合成词。通过语素构成词,以中文构词法为特征，进行语素教学是可行的教学方法。例如，在教授"老、小、反、相、多、子"这种词汇出现频率较高的语素时，就可以通过拓展其前缀、后缀的方式进行学习。

三、语法

语法是语言进行组词和造句时需要掌握的规则。学习一门语言，要学习单个词汇，但是仅仅依靠该语言的词汇是很难正常交际的，还需要掌握组词造句的规则，才可以正确表达与交流。语言语法教学的基础是教师通过浅显易懂的话语对所学知识点进行点拨式教学，由于初学阶段学生的词汇量往往是有限的，因此只有通过不断练习才能逐渐理解并熟悉运用语言的语法规则。

（一）直观形象法

语言语法的学习往往是抽象的，尤其是在学生词汇量有限的情况下需要进入中文语法学习的初级阶段时，教师很难运用学生已有的词汇量准确讲解语法知识，这个时候就需要教师从知识点特征出发，用直观、形象的方法表达学习内容。例如，可以通过班级中的真实情况（有明显高矮、胖瘦区别的学生）解释与"比"相关的语句。

（二）逐步分化法

教师可以根据所学内容的难易程度或者语法顺序，将语句表达中的语法规则分为多个阶段进行教学，由浅入深、循序渐进地帮助学生理解并记忆，最终达到熟练运用的目的。近几年，一些学者对外国人学习中文语法时出现的偏误进行了研究，提出对中文语法的学习可以产生一定的内在顺序，且这些顺序可以帮助教师及时调整教学的顺序。

（三）发现归纳法

对个别语法的学习，教师可以先让学生学习大量例句，从例句中逐渐发现规律之后，再整理归纳其中的知识点。这样的学习方式可以让学生对所学知识点有所了解，也可以完全参与获取知识点的过程中去，在一定程度上获得学习的成就感，从而提升学习的兴趣，帮助学生理解与记忆。

四、汉字

汉字是记录中文的符号。学习汉字需要将汉字形、音、义的学习贯穿始终，只是不同阶段的侧重点不同。汉字的初学阶段要以积累词汇量为主，在词汇训练有一定基础之后，再向学生教授汉字构形方面的知识点。汉字以"形"为纲，通过汉字基本笔画、笔顺和偏旁部首的学习，让学生逐渐了解汉字表音、表义中的内在规律，提高外国人对学习汉字的兴趣，为中、高级阶段汉字的学习奠定良好基础。

（一）笔画笔顺教学法

汉字都是由笔画构成的，汉字可以拆分为不同笔画。而笔顺则是书写汉字时的笔画顺序。起初在教授汉字时，教师可以通过图片、板书、多媒体等方式向学生展示汉字的正确书写方法。而留学生在汉字初学阶段，以不影响汉字结构和框架，不影响汉字正确书写与理解为前提，教师可以适当放宽学习要求，在教授汉字笔画时，可以按照从上到下、从左到右的书写顺序进行汉字的学习。

（二）部件教学法

汉字也可以由部件组成，这些部件通常是具有组配汉字功能的单位，是构成汉字形体的主要部分，也是核心。汉字初学阶段，学生已经掌握了一定的笔画知识，再进行部件的教授，可以加强学生对汉字"形"的认识，深刻认识汉字组合与拆分的过程，领悟学习汉字和书写汉字的技巧。例如，教师在讲授汉字"女"后，可以继续讲解以"女"字为部件的与女性有关的汉字"姐""妹"等。在讲完汉字"田""力"后，可接着讲解"男"。可见，汉字的学习可以通过简单部件的学习逐渐拓展新词。

（三）字源教学法

教师在讲授汉字时，可以通过拓展汉字的字源知识，帮助学生理解与记忆，提高学习汉字的兴趣。例如，在讲解"日、月、口、山、雨"等同类型字时，可以利用汉字的演变过程，向学生进行讲授；在讲解"上、下、卡"等字时，还可以利用古汉字图示并加以解释的方法，向学生讲授造字过程。在对汉字进行学习的过程中,尤其是形声字,其部件常常是象形字,教师在讲解过程中就可以总结归纳,帮助学生理解记忆。

汉字的学习大部分是语言要素的学习,这在国际中文教育综合课程中是核心教学内容,要求教师在不断进行自我总结、经验归纳的同时,提升专业水平,让学生掌握中文的发音、词汇与语法、词义等知识点,为后续中文听说读写等技能的学习打下坚实的基础,最终可以掌握并熟练使用中文。

第三节　国际中文教育课堂教学中的语言操练技巧与策略

中文语言的发音训练可以帮助留学生改善发音，提高语言交流的流畅度，帮助学生加深对生词的记忆，从而获得一定的成就感，提高学生学习中文的自信心。另外还有几种机械化的操练方法，这在中文学习过程中是无法避免的，可以将文化融入词语的训练过程中，拓展文化知识。中文学习的初级、中级阶段往往都需要大量练习。即便在高级学习阶段，也有必要进行操练。留学生通过不断操练，反复学习，逐渐熟悉语言知识点，容易将所学语言内化，只有经历这样的过程，才可以充分掌握并熟练使用所学新词，在交际过程中帮助自己表达想法。

一、复述练习

复述训练是学生跟随教师或录音播放内容练习的过程。复述训练中值得注意的是长句子练习应遵循从后往前训练的原则，切忌从前往后，这样的练习顺序可以帮助学生掌握语句尾调。另外，语句中后面词语练习的次数就会增多，学生容易记住整句。举例如下：

录音：来。

学习者：来。

录音：从纽约来。

学习者：从纽约来。

录音：坐火车从纽约来。

学习者：坐火车从纽约来。

录音：八点钟坐火车从纽约来。

学习者：八点钟坐火车从纽约来。

录音：明天晚上八点钟坐火车从纽约来。

学习者：明天晚上八点钟坐火车从纽约来。

录音：他明天晚上八点钟坐火车从纽约来。

学习者：他明天晚上八点钟坐火车从纽约来。

二、替换练习

中文中的替换练习要求学生替换范例中需要练习的部分。在这个过程中，学生要先复述范例句子，再进行替换。最后替换的部分训练完通常就会回到原来的范例句。替换练习共分为四部分，第一部分是句首替换，第二部分是句中替换，第三部分是句尾替换，第四部分是双重替换。举例如下：

（一）句首替换

录音：天安门离这儿远吗？

学习者：天安门离这儿远吗？

录音：北京大学。

学习者：北京大学离这儿远吗？

录音：台湾大学。

学习者：台湾大学离这儿远吗？

（二）句中替换

录音：我来过。

学习者：我来过。

录音：去。

学习者：我去过。

三、语体转换练习

中文的语体转换练习要求学生根据录音中听到的语句，将其进行转换，成为更礼貌、更正式的语体。也就是说语体转换练习是变换练习的一种方法。举例如下：

须注意，将下列语句转换为更礼貌、更正式的语体。

录音：你好！

学习者：您好！
录音：你姓什么？
学习者：您贵姓？
录音：那个老师。
学习者：那位老师。

第四节　跨文化视角下国际中文教育课堂教学实践案例分析

国际中文教育是将中文作为第二语言的教学，其重要特点就是与文化因素紧密结合。国际中文教育的目的不仅是使学生掌握汉语言，还要使其了解博大精深的中华文化，从而提高对中文的理解和运用能力，并进一步培养跨文化交际能力。国际中文教育中语言教学和文化教学是相互渗透、密不可分的。

随着经济的快速发展，国际社会之间的交流合作日益频繁，我国国际地位也在不断提升，人们对中文的学习已逐渐成为一种热潮。一门语言与语言背后的文化是脱离不开的，可见文化的传播需要以语言为媒介。与此同时，语言是人与人之间交流的工具，语言的形成与发展、理解和运用等都离不开文化的作用。语言是社会文化、价值观和民族风俗的载体，体现了民族的文化理念。语言与文化之间的关系决定了国际中文教育的特殊性，因此，以学科性质为前提探索国际中文教育的实现路径是有必要的，尤其在论证国际中文教育这一学科科学性上是极为关键的。

一、实践机制

（一）践行教学原则

以跨越各国文化为切入点研究国际中文教育工作要以"培养语言能力，传播中国特色文化，尊重不同文化特色"为教学原则。教师还应该考虑学生的中文水平，切实制定教学规划与目标，从学生的实际需求出发，以教授语言知识为前提，循序渐进地提升学生的理解能力和运用能力。讲授语言的过程也是传播中国特色文化的过程，注重中华优秀传统文化在中文教学中的运用，进而满足留学生对了解中华文明的需求，让"文化式"教学成为中文教学的必要补充。此外，国际中文教育还需要秉承文化为语言服务的原则，进一步培养学生的语言运用与交流交际的能力。

（二）完善教学内容

国际中文教育教学内容对教学效果有重要影响，因此，应该谨慎选择国际中文教育的教学内容。例如，课堂教学当中尽量选择生动、有趣、使用频率较高的词语，避免面面俱到式的课文学习与讲解。国际中文教育教学内容的层次主要分为三个阶段：第一阶段是初学阶段，主要针对语言、词汇的学习，以丰富学生的词汇量；第二阶段是以提升学生语言水平为主的中级阶段；第三阶段是高级阶段，学习语言背后的文化理念，主要目的是帮助学生建立正确的世界观、人生观与价值观。

（三）丰富教学措施

第一种为体验式教学。按照体验教学的方式，帮助学生理解词语，加深记忆。例如，在讲授书法艺术、剪纸、编织中国结、京剧脸谱上色等民间艺术时，教师可以带领学生参与到艺术活动创作中去，加深学生对中文和中华优秀传统文化的理解。第二种为对话教学。中文教学还可以以对话教学的方式进行，让学生之间或者学生与教师之间进行对话，完成信息的传递与交流。这种教学方式创造了一个相对轻松、开放的学习环境，适合探索式学习。通过对话，教师还可以观察学生的性格特征、兴趣爱好、疑惑问题等。第三种为对比教学。通过不同语言、不同文化的碰撞与对比，可以从中发现语言之间、文化之间的差异，教师可以根据差异给出学生感兴趣的话题，进行语言词语的讲解。

随着国际中文教育规模不断扩大、教育水平逐步提升，我国在国际上的影响力逐渐增强，提高国际中文教育教学水平显得尤为重要。因此，进一步探讨科学、有效、可行的教学方法是有必要的，有助于提高中文在国际上的影响力，促进中华文明的传播，为实现文化之间的交流与发展提供新思路。对国际中文教育的深入研究，有助于提升我国国际中文教育的总体水平，推动社会主义事业向前发展。

二、实践案例

（一）在国际中文教育课堂中结合中文歌曲教学

"学习中文歌曲"因具有活泼生动、深入浅出等特点，已成为十分实用的国际中文教育教学方法。国际中文教育是跨文化交际的过程,这一教学方式的运用传播了中华文明,大大提高了留学生学习中文的效率。文化交际能力的培养一直是中文教学的重难点,以下将结合自身教学实践和专家研究成果论述中文歌曲在国际中文教育中的跨文化交际研究:

1. 从教授中文流行歌曲中掌握跨文化知识

中文歌词中某些词汇的内涵,因地域和时代的不同,所代表的含义也不相同。以对芬兰留学生的教学实践为例,教师在课堂上选择了一首《月亮代表我的心》,这首歌曲旋律悠扬,歌词意义深刻,传唱度高。歌词中的"月亮"自古就象征着爱情、思念。可在芬兰人看来,"月亮"不仅象征爱情,还代表着邪恶,他们会问:"为什么要用月亮表达爱情?"这就要求教师在课前充分了解学生母语国家的文化,向学生交代清楚歌词中体现的目的语国家的文化,防止造成词汇义和内含义的不对应。这首歌曲的教授加深了芬兰留学生对中国人爱情的理解,当讲述着"嫦娥奔月"这一神话传说时,学生深刻地体会到了故事中"月亮"所代表着的爱情、思念与团圆之情。学生也就明白,原来月亮在中国文化中有这么多美好的含义。了解中文学习者的母语文化,避免部分教学活动与之有冲突,必要情况下要考虑某些个体的感受。比如,有的留学生不喜欢独唱这个活动,在他们的文化意识中,像唱歌这种行为在课堂上不可能单独进行,那么我们就要选择一些折中的方式,既照顾到学习者的母语文化,又兼顾训练和检测歌曲学习情况,教师可以先唱,在歌曲高潮部分再安排其他学生一起演唱。

2. 选择歌曲时要注意文化禁忌

文化禁忌是指在某个民族或宗教传统文化里禁忌的一些事物、行动或言语。在跨文化交际中注意异文化的禁忌是非常必要的,这关系到交际能否顺利进行。教学中,中文教师在选择中文歌曲进行教学时尤其要注意歌词中的词语和其表达的文化现象是否是中文学习者国家的文化禁忌。

《兰花草》是根据中国现代思想家胡适早年写的一首诗歌《希望》改编的,悠扬的旋律、朗朗上口的歌词,被广为传唱。当教学对象是来自东南亚,如泰国的学生时,建议选择这支歌,兰花是东南亚的象征,他们对兰花的花语都很熟悉,透过旋律,他们对歌曲要表达的期待、牵挂和追问都有更深的理解,能唤起学习者的积极性。但是面对波兰等国家的学生时,不建议选择此歌,因为在波兰,兰花是激情之花。

由此可见，一堂课要想成功，不仅需要中文教师有扎实的中文基本功，而且在跨文化交际的禁忌文化上也要特别注意，要适时进行跨文化训练。

音乐是语言的表现方式，中文是一种音乐性极强的语言。中文歌曲经过了几千年的发展，已经构成了强大的艺术体系，歌曲中表达的文化深深地吸引着中文学习者。一堂中文课实际上就是一次跨文化交际的过程。

（二）在国际中文教育课堂中结合中国古代文学教学

中国古代文学承载着丰富的文化内涵，教师需应用跨文化意识，优化教学理念和手段，降低中文知识的理解难度，真正加强跨文化教育的实效性。

我国近几年社会文化事业飞速发展，在国际中的地位显著提升。我国的文化符号深受外国友人的喜爱，同时，越来越多的外国人对中华文明和中华文化产生了浓厚的兴趣，想要一探究竟。因此，世界各国陆续建立了很多孔子学院，有的国家和地区在大学或中小学机构还设立了相关的中文学习课程，以便进一步了解中国博大精深的文化。与之相应，我国很多高校也开设了国际中文教育课程，满足留学生学习中文的需求，同时更好地推动中华优秀传统文化的传播。此外，世界中文教学学会机构号召并组织了国际中文教育的推动力量，为更多留学生提供学习中文的平台。

1. 在国际中文教育中中国古代文学的教学意义

狭义上的中国古代文学是指中国古代古典文学作品，而广义上的中国古代文学则涵盖了先秦时期到清代末年的中国文学作品。此外，历史上重大文学事件和运动，以及著名作家的文学研究及作品考据、文学派的理论内容等都属于古代文学的范畴。中国古代文学在我国国际中文教育课程占据了半壁江山，也是中国语言文学专业的必修课，这和中国古代文学拥有如此高的教学地位和深厚的文化底蕴是脱离不开的。中国古代文学也被称为中国古典文学，是我国文化传统中的重要组成部分。众多国内外学子深受中国古代文学的熏陶，可以直观地感受到中华语言的深厚底蕴。其韵律之优雅、构词之精美、造句之和谐均体现了中国文化之悠久，这对留学生学习国际中文教育有很大帮助，还能促进中华优秀传统文化的传播。

中国古代文学在国际中文教育中具有重要的教育意义,它承载着中华优秀传统文化向全球传播的使命。这是一个关乎文化输出的重要过程,同时也是塑造我国国际形象、扩大文化影响范围、激发中文学习者兴趣的宝贵机遇。通过系统化的知识整理和教学,中国古代文学的教育过程可以以古代文化类型及其相关作品为基础,引导中文学习者进入一种雅致而古典的学习氛围。这样做可以更好地展现中国古代文学的经典魅力,深度激发学生对古代文学和汉语学习的兴趣。通过这种教学方法,学生能够获得对中国古代文学的初步了解,并了解每个时代涌现的杰出作家和优秀作品。此外,学生还能学习古代文学的文学批评理论,使他们不仅在感性层面上认识文化,还能将其上升到更深层次的文化底蕴之中。

2. 中国古代文学在国际中文教育中的跨文化教学

(1) 重视古代文学的教学,引导学生感受中国古代文学的含蓄感

中国古代文学教学的目的是促进中华优秀传统文化的传播,让广大学子感受中华优秀传统文化底蕴之深厚,这就要求高校从教育理念上注重古代文学教学模式的可行性。中国古代文学可分为诗、词、歌、赋这四大类别,依据文学发展史进行分类,又可以分为先秦文学、秦汉文学、三国两晋南北朝文学、隋唐五代文学、宋金元文学、明代文学以及清代文学等。首先,含蓄感是中国古代文学的一个突出特征,主要归因于汉语言自身的含蓄意义;其次,是由我国传统文化中一直透露着含蓄的表达习惯所致。因此,为了制定行之有效的中国古代文学教学内容与教学目标,教师应该在尊重各国学生具有不同文化背景的前提下,给予学生充分的鼓励和支持,正确引导学生学习古代文学。

(2) 由语言技能转至文化内涵熏陶,引导学生了解中国古代文学中的民族精神

中国古代文学充分体现了中国传统文化的价值观,也是中华民族价值观的重要体现。中国古代文学自古以来都提倡乐于奉献、追求理想、忠君爱国的高尚情怀。例如,大多数中国古代神话弘扬了英雄主义精神,有盘古开天辟地、精卫填海等神话故事,这些牺牲自我、全身心奉献的英雄主义精神广为流传,也影响着一代又一代中国人。

(3) 应用多样化的教学手段,引导学生感受古代文学的内在魅力

我国古代文学一直强调含蓄美和意象美,因此,在教学过程中应重视中国古

代文学的教学方法与教学目标，进一步提升文化教学的有效性和可行性。

在国际中文教育体系中，中国古代文学的跨文化教学应该从学生的实际需求出发，切实考虑学生文化背景的差异，同时认识到学习者中文能力和认知水平，选择难度适中的古代文学教材。也可以选择和学习者母系语言相近的教学内容，通过图像表达、视频播放等多元化教学方式，丰富教学内容，帮助不同文化背景学生加深对中国古代文化和中华优秀传统文化的认知与理解。

第六章　跨文化视角下海外国际中文教育课堂教学实践研究

　　本书第六章为跨文化视角下海外国际中文教育课堂教学实践研究，分别介绍了海外国际中文教育课堂教学——以坎特伯雷大学孔子学院为例、海外国际中文教育课堂教学优化策略、海外孔子学院国际中文教学与中华文化传播、海外中文教育中的语言教学与中华文化传承四个方面的内容。

第一节　海外国际中文教育课堂教学
——以坎特伯雷大学孔子学院为例

坎特伯雷大学孔子学院中文语言的教学形式与方法值得学习，其课程设置和教材选用以及师资队伍等方面都极具特色。

一、课程设置

中文教学对于不同学习者来说需求往往是不同的，对此，坎特伯雷大学孔子学院制定了灵活的教学课程。目前，坎特伯雷大学孔子学院的中文课程设置主要分为两部分：一部分是专业中文教学课程，另一部分是非专业中文教学课程。

（一）专业中文教学课程设置

大多数学习者在中文学习中对汉语等级考试和学历都有一定要求，针对这部分学生，坎特伯雷大学孔子学院制定了多种类专业的中文课程，而课程内容则根据考试内容来定。例如，新西兰本土的外语考核机制和学分课程设定，以学生通过 HSK（中国汉语水平考试，Hanyu Shuiping Kaoshi）、YCT（中小学生汉语考试）及 NECA（汉语国家学历证书成绩）考试为准来设定，帮助提升小学教育系统的专业化、系统化中文课程教育水平，因此，坎特伯雷大学孔子学院也逐渐成为新西兰南岛重要的中文教学机构。

1. 以 HSK 考试内容为导向的晚间中文课程

HSK 是国际标准的考试形式，主要用于评估母语非中文学习者的中文水平，因此，HSK 汉语考试成绩也是母语非中文人士进入中国高校学习中文的门槛。HSK 也是用来申请"孔子学院奖学金"和来华参加"汉语夏令营"的前提，如果在考试中可以取得不错的成绩，就可以证明学习者学习中文具有较强的目的性。HSK 的目标是提升学习者的中文水平，有助于学习者在生活、工作和学习中更流利地交际，同时辅导其顺利通过 HSK。HSK 汉语考试课程的组织形式以分班级授课为主，细分则分为初级班、中级班、中高级班和高级班四类，这四类共有六个级别，分别对应 HSK1—6 级中文水平考试。HSK 汉语考试课程的结构依据学生数量和 HSK 各等级考试目标来定。如果初级中文课程的学习者较多，那么初级班开设的数量就多。HSK 汉语考试课程的课时分配，大体上固定在周一到周四的晚上 6：00—7：30，且每个学年共分为四个学期，每学期课程学时大约有两个月：第一学期主要在 2 月中上旬至 4 月中上旬，第二学期在 5 月上旬至 7 月上旬，第三学期为 7 月底至 9 月底，第四学期则为 10 月中下旬至 12 月底。HSK 汉语考试的收费标准以课程内容多少为依据进行调整，通常情况下，晚间中文课程的课时量较多，课程内容也较难，因此，收费标准也较高。HSK 汉语考试的课程内容主要分为听、说、读、写，课堂学习以训练为主，依据 HSK 口语考试的形式和内容，在学生口语技能方面进行重点练习。课后则以复习巩固为主，通过学习与课程配套的练习册上的内容，对课堂所学进行巩固。

2. 以 YCT 考试内容为导向的青少年中文课程

YCT 考试是中小学生国际中文能力的标准化考试，主要对中小学生在日常生活中中文的运用能力进行考核，考核内容分为笔试和口语测试，因此，孔子学院的 YCT 课程内容设置也分为笔试课程和口语课程。其中，笔试课程内容有 YCT（一级）、YCT（二级）、YCT（三级）和 YCT（四级），这些考试内容完全覆盖了 YCT 所有笔试等级考试内容。口语考试课程内容有 YCT 口语（初级）和 YCT 口语（中级），也是覆盖了 YCT 所有口语等级考试内容。口语课程设定的学习内容相较于笔试简单一些，教学目的是提升小学生中文听说和实际运用水平，帮助其顺利通过 YCT 考试。孔子学院 YCT 课程的组织形式一般以"一对多"教学为主，小班制授课人数通常在 5~15 人，小学生年龄则以 5~12 岁为主。鉴于新西兰小学制为 8 年，小学阶段一般是 5~12 岁，且处于这一阶段学习中文的学生才有资格参加 YCT 等级考试成绩。YCT 考试成绩一方面让学生对学习中文的情况有个大体掌握，另一方面为学院及相关培训机构开展中文教学、设定中文学习内容提供有效参考。

3. 以 NECA 考试内容为导向的青少年中文课程

NECA 是新西兰中学生在第 11 年级开始参加的全国教育证书成就考试。NECA 考试包含了一级、二级和三级等多个等级的内容。这些课程涵盖了 NECA 考试的所有内容。为了能够申请大学入学，新西兰的中学生需要在 11 年级、12

年级和 13 年级分别通过 NECA 一级、NECA 二级和 NECA 三级考试。这类课程的主要目标是帮助学生成功通过各个 NECA 等级考试，为他们未来的大学申请做好准备。针对 NECA 考试内容的中文课程在青少年教育中采用了与其他课程不同的组织形式。这些课程是由坎特伯雷大学孔子学院与当地高中合作举办的。具体表现形式是在选择参加 NECA 考试的高中校内，专门设置了面向 NECA 的中文课程。同时，与孔子学院长期合作的学校会派遣中文教师进行辅助教学。这类课程针对在校的 9~13 年级中学生，即小学毕业后进入为期 5 年的中学阶段的学生群体。课程的考核标准以学生在各个阶段 NECA 考试的成绩为主。如果学生在相应阶段没有通过 NECA 等级考试，就无法继续下一阶段的 NECA 课程学习。

坎特伯雷大学孔子学院为了给海内外学习中文的学生创造一个良好的学习环境，规定每周一开设伊斯兰青年中文课程和非伊斯兰青年中文课程。坎特伯雷大学孔子学院针对有意让孩子继续学习中文的家长，特别开设了适合青少年的中文课程——Chinese Youth（UC）中文课程，旨在与学生在学校的中文课程相衔接。这是坎特伯雷大学孔子学院中文课程发展的新举措。

（二）非专业中文教学课程设置

有的中文学习者没有明确的学历需求和中文等级考试需求，但是在特殊场合有中文实用需求，并且对中文有较大的学习兴趣。针对这部分学习者，坎特伯雷大学孔子学院也设定了对应的课程——非专业中文教学课程。这门课程主要包含为中文需求者开设的课程和中文爱好者开设的课程两部分。

1. 为特定中文需求者开设的中文课程

为特定中文需求者开设的中文课程的教学目标主要是给常年需要来往中国的企业人员提供培训机会，也为新西兰本地接待中国游客的旅游企业提供语言学习平台。其课程内容设置以中新企业合作的具体情况为依据，还可以为当地企业所涉及的贸易类别定制学习平台，例如，纸制品、羊毛制品、乳制品、木材、旅游营销等领域。为满足企业人员在商务领域的学习需求，坎特伯雷大学孔子学院开设了多种灵活的中文课程，如《商务汉语》和《旅游汉语》等。这些课程旨在根据学生的需求量身定制，以帮助他们在商业环境中更好地交际。这类中文课程的形式相对于传统的中文课程更具灵活性。上课方式可以根据教师和学习者的时间进行商定安排，或者根据人数在特定时间和地点开课，也可以由学习者与教师共同协商确定上课形式，甚至有需要的还可以让教师上门授课。这种灵活性使得中文课程的普及度和应用程度更高，在中文学习者中广受欢迎。同时，这种灵活性也突显了坎特伯雷孔子学院中文教学个性化的特点。针对特定中文需求者所设计的中文课程并没有严谨统一的评价体系。评估课程的有效性取决于学习者是否能够将所学知识应用于实际生活中。

2. 为中文爱好者开设的中文课程

除了满足特定中文学习需求的语言技能和文化培训课程外，坎特伯雷大学孔子学院还提供了面向中文爱好者的兴趣类中文课程。这些课程设定的目标不是追求高水平的语言技能，而是致力于弘扬并传播中华民族优秀文化，激发学习者对中文的兴趣，并拉近他们与中华优秀传统文化之间的距离。其中设定的课程主要有《太极拳课程》《中国书法课程》《周末中文兴趣课堂》等。坎特伯雷大学孔子学院独立开设了太极拳和中国书法两门课程，为学习者提供太极拳动作教学和武术表演，此外还讲授中国书法和小型书法，并设定了比赛机制。这些课程均采用班级授课制的形式进行。坎特伯雷大学孔子学院的太极拳课程根据学习者的数量分为两个班级。这两个班级的授课时间分别为每周二和周三晚上 5 点半至 6 点半，由同一位教师负责授课。书法课程则在每周二和周四的下午 1 点至 2 点，免费向所有中文爱好者开放。此外，孔子学院还会不定期举办小型书法比赛，以增强学习者的兴趣，调动他们的积极性。太极拳和书法课程主要面向当地社区，教学对象主要包括儿童、青少年和老年人。周末中文兴趣课堂由坎特伯雷大学孔子学院与当地华人组织和社区合作开办。这些课程旨在教授学习者正确的中文发音，发扬和传播中华优秀传统文化，并加强学习者对自己民族的认同感。该中文兴趣课堂主要针对当地华人及其后代，并提供多种形式的课程内容。课程包括教授准确的中文发音基础、辨认简体中文汉字，了解中国经典历史故事和寓言典故等知识。课堂形式灵活多样，包括讲座、讨论和活动等，以丰富有趣的方式呈现课程内容。

二、教材选用

坎特伯雷大学孔子学院根据不同课程的教学目标和学习者需求，选择难度适宜的课程教材。教材主要分为晚间HSK课程教材和自编教材两类。

（一）晚间HSK课程教材

坎特伯雷大学孔子学院在晚间重点开设了HSK课程，根据学习者对中文水平考试的需求和个人能力进行分班教学。不同级别的班级将根据相应的HSK等级考试大纲进行授课。教材选择了《HSK标准课程》1—6级教科书，并配备了历届HSK考试各级别的试卷和模拟卷，以帮助学生进行考前训练。

1. 教材的设计理念

《HSK标准教程》是一套新型的中文教材，充分融合了"考教结合、以考促学、以考促教"的理念。作为专为中文水平考试HSK设计的国际中文教材，该教材由孔子学院总部和北京语言大学出版社共同研发编著。该教材以"考教结合"为教学原则，通过深入分析研究HSK考试和海外中文教学，注重提升学生的中文能力。同时，教材与HSK考试的1—6级目标一一对应，引导学生逐步提高中文水平。

《HSK标准教程》内容设定以历年HSK考试真题为主，以熟悉的题材、幽默的话风和严谨的课程设计进行HSK考试内容的对接，将考试形式和考试等级与课程设计理念充分融合。此外，在编写《HSK标准教程》时需要注意利用多种方式培养学生自主学习的能力，帮助学生形成良好的学习策略和学习习惯。例如，初级阶段语素教学的设定和中级阶段"以旧引新"的策略，还有高级阶段的语义教学，这些课程编排都可以帮助学生提高中文水平，提升语言运用能力。

2. 教材的主要内容

坎特伯雷大学孔子学院的HSK课程提供的教材也相应地被划分为9册，其中1—3级各有1册，而4—6级各有2册。每个级别的课程教材分为学生课本、配套练习册和教师用书三种类型。具体而言，1级和2级每册包含15课，3级和4级每册包含20课，而5级和6级每册则有36课。随着等级的提升，教材的内容也会相应增加。《HSK标准教程》支持并鼓励学生在课本中主动探索语言规律，并引导他们总结归纳出课本中的语言现象。通过学生主动积极地探索，激发他们获取中文知识的乐趣。同时，教材提供多种课内外互动和实践活动，帮助学生将所学语言应用到实际生活中，实现"所用即所学、所学即能用"的目标。这种教学方法对提升学生在中文学习中的成就感有很大作用。例如，《HSK标准教程》中的《HSK 教程 I》包含了多个教学章节,有《1. 你好 Hello》《2. 谢谢你 Thank you》《3. 你叫什么名字 What's your name》《4. 她是我的汉语老师 She is my Chinese teacher》《5. 她女儿今年二十岁 Her daughter is 20 years old this year》《6. 我会说汉语 I can speak Chinese》《7. 今天几号 What's the date today》等。这套教材是一套标杆型的教材,不仅适用于坎特伯雷大学孔子学院晚间课程设置,还适用于国外其他中文教学机构及自学课程。

3. 教材特色

《HSK 标准教程》教材内容设定有三个主要特征:第一,课文以短小精悍为主,具体表现在课本内容的分布上,例如,1—3 级的课本内容以场景对话为主,4—6 级则注重主题表达和短文章,短文章都是一个个小故事,并配图片进行辅助讲解,一方面大大降低了学生学习的难度,另一方面拓展了学生的知识面,让学生在学习中文的过程中获取到更多的成就感。这种短小精悍的文章更适合安排在像坎特伯雷大学孔子学院中文教学中课时数较少的情况。第二,注重"知新中温故",学生在学习过程中将同一个语言知识点放置在不同场景中去运用,通过反复练习,掌握语言运用的多种情况,帮助学生有效提升中文的运用能力。因此,在不同场景中运用中文语言是训练学生中文交际能力的重要方法。第三,教材语言更严谨、科学。《HSK 标准教程》的语言知识编排在贴合中文学习者学习规律的同时还应体现科学性,让学生由浅入深、循序渐进地接收中文知识。该教材课本讲解中并没有使用专业术语对语法进行深度讲解,语法讲解部分仅仅展示了语法应如何运用,专业知识点在教师教材书中也只是以提示的方式进行展示,这不仅充分保障了教程的科学性,降低了学生学习的难度,拓展了语言知识点的运用。

(二)自编教材

坎特伯雷大学孔子学院开设的课程大多数都是《HSK 标准教程》,其余课程的教材内容由任课教师决定。因此,这类教材在内容选材上更具灵活性,教师所选取的教材一般情况下都以学校规定为主,或以课程内容为依据。这种教师自编的教材大体上分为两部分。

1. 针对有固定考试需求的中文学习者的教材选用

有固定考试需求的中文学习者对教材资料的选择更具目的性。坎特伯雷大学孔子学院在2021年新开设了青少年中文课程，选课学生大多数来自周边关停的其他中文课程学校的中小学生，例如，对YCT有考试需求的，教师在教材选用方面优先考虑适合YCT考试的教材，教材大纲也以YCT考试试卷真题为主进行中文教学，课堂训练中教师则用YCT历年试卷作为考试模拟试卷，训练学生的中文能力。

2. 针对无固定考试需求的中文学习者的教材选用

对于孔子学院周边中文教学机构中无明确考试需求的学生来说，可以选用相对灵活的教材为教师所用。坎特伯雷大学孔子学院周边各中文教学点和孔子学院都与当地中小学进行合作，并开设了中文课程，且中文教材都以教学目标或者学校要求为依据进行教材编订。但是，这种情况下中文教材的编订需要贴合两个大纲——新西兰教育部发布的《外语教学大纲》和孔子学院发布的《对外汉语教学标准与大纲》。其中，《外语教学大纲》提出：沟通交流是外语教学的重点，明确了一门语言知识和语言背后的文化知识是以跨文化学习者交际能力为核心所延伸出来的文化意识。此外，新西兰教育部在教学大纲中还对各个阶段的中文教学进行了细分，明确了各个教学阶段中文教学的主要目标和评估方式。中文学习大纲通常分为1—4级，并且对每两个级别的中文教学所要达到的教学目标进行了简要说明，还提供了各个级别应该使用的文本案例，并对文本案例进行深入剖析。例如，大纲中所提出的1级和2级教学目标与文本案例，明确了学生在该阶段应通过简单的方式运用中文进行交流交际，对于教师提出的简单问题能够回答上来，且表述要简单。学生在与他人互动的过程中尽量表现出中文社交意识。上述内容就是自编类教材的参考标准。

教师在自编类教材的选取方面可以发挥一定的灵活性和目标性，选取更适合学生学习的教材。教师也可以根据学生的学习效果对课堂教学内容进行调整，这将有助于课堂教学工作的有效进行。

三、师资队伍

孔子学院的教师通常分为三类：第一类以中外语言交流合作中心派驻到各个地区孔子学院的公派教师和中方院长为主；第二类以愿意为中外语言交流合作中

心所指派的国内高校毕业生或在读研究生为主；第三类以聘用当地教师为主，这类教师大多数是华裔。

（一）师资来源

目前，坎特伯雷大学孔子学院师资来源主要有 MLA、国内公派教师及当地教师三种。

MLA（Mandarin Language Assistant）为汉语助教项目，是新西兰特色师资队伍。该项目于 2010 年开始实施，项目实施的主要目的是帮助新西兰提升中文教学水平，促进中文在新西兰语言中的推广。因新西兰入境政策和语言政策的限制，每年入选的中国中文教师不能超过 150 人，且在新西兰 MLA 中，教师是无法自行独立授课的，对于中文教学课程，中文教师也只能以中文助教的身份进行教学。MLA 项目的选派标准极其严格，其选拔对象将面向国内高校在读的研究生和应届毕业生，对选拔对象除了有专业素养和外语能力的要求外，还需要具备中华才艺特长，对选拔对象的年龄和教师资格证书则没有具体要求。MLA 项目教师的任期一般是 1—2 年，到期会进行考核，对于考核合格的教师则考虑继续任教，但是总的任教期限必须在 3 年以下。这样的选派标准导致每年都有大量中文志愿者回国，对于空缺的教师岗位则由华中科技大学（国内合作高校）在每年的 1、7 月份选取新的中文教师派任，对于可选人数则由坎特伯雷大学孔子学院院长结合新西兰法律政策来决定，且还需结合孔子学院任课教师的实际需求。通常情况下，南岛地区所有坎特伯雷大学孔子学院中文教师志愿岗总共的岗位名额是 46 名。MLA 的主要职责是帮助坎特伯雷大学孔子学院周围中小学中文教学点的中文教师使用更专业的语言设备和教学资料，协助其在校内组织文化活动，给教师提供更多和中小学生进行中文互动的机会，帮助教师更好地开展教学工作。可见，MLA 是坎特伯雷大学孔子学院进行中文教学的重要力量，也是中华民族优秀文明的重要传播力量。

和 MLA 相比，公派教师的选拔更为严格。公派教师的年龄选拔标准为 26~55 岁，且必须具有两年以上在编或者合同制的教学工作经验（国内或国外），选拔成功且完成 2 年以上国外中文教学工作的国际中文教师志愿者就有参选汉语公派教师的资格。国际中文教师志愿者要求学历在大学本科及以上，必须有《国际汉语教师证书》，且具有汉语国际教育相关专业背景。而公派教师则由国际中文教师转任，学历要求为硕士及以上，年龄必须大于 26 岁，必须完成 2 年及以上的国外汉语教学工作，在派任前必须获得《国际汉语教师证书》。由于公派教师有年龄限制，且必须具备丰富的教学经验，所以在实际教学中负责的工作内容相对复杂些，例如，坎特伯雷大学本科生的中文选修课教学、坎特伯雷大学孔子学院晚间课程的管理事项、在坎特伯雷大学孔子学院组织开展多项文化活动，其余时间还需要处理孔子学院办公室的工作。就教学任务而言，MLA 和公派教师所负责的部分也不是一成不变的。例如，教师资源紧缺时，公派教师就需要去中小学进行中文教学，而对于那些专业能力优秀的 MLA 教师也可以负责坎特伯雷大学本科生的中文选修课教学工作。

近几年，新西兰开始培养本土中文教师，设立了 ILEP 国际语言交流与发展项目中心。通过与当地中小学教学点和孔子学院合作，制定了本土教师培训的一套流程。

（二）教师发展

"教师专业发展"是一个教师不断学习、提升自我、走向成熟的过程，在这个过程中，教师需要以提升专业发展、完善基础能力为前提。"教师专业发展"主要包含对教师这一角色的自我认同、教师职业道德建设和专业能力培养以及心理塑造等方面的内容。孔子学院比较注重教师专业发展，自教师入职后，每年都会对中文志愿者和公派教师进行专业技能培训。例如，坎特伯雷大学孔子学院对 MLA 及公派教师的培训内容有中外语言合作交流中心的岗前培训、新西兰岗前培训和岗中培训等。

1. 中外语言合作交流中心的岗前培训

中外语言合作交流中心岗前培训的时间较短，目的是希望通过集中培训中文教师志愿者提升其中文授课能力和中华文化技能，培养教师跨文化交际能力。为了让中文志愿者教师更好地适应海外支教生活，中外语言合作交流中心在每年的春季、秋季会分别组织长达六周的中文教师志愿者岗前集训。培训过程属于强度较大的培训，期间通过集中强化的方式、理论结合实践的方法，以《汉语志愿者教师培训大纲》为准则，进行特定课时和课程内容的集训。《汉语志愿者教师培训大纲》提出，通过岗前培训，一方面，学生对中文教师志愿者这个岗位有一定了解，对较快适应这个岗位的工作内容有较大帮助。另一方面，可以增强中文教师的责任感和使命感。有关具体培训的内容，据统计共有3000左右的课时，这些课时的具体内容由培训单位来定。培训的方向大致包含教师教学管理、中华才艺展示、赴任国语言学习、教学能力实践与拓展。

2. 新西兰岗前培训

新西兰岗前培训主要是对国内中文志愿者的国外本地化培养过程。在新岗前培训的目的是帮助中文教师志愿者较快地适应本地社会生活，以更好地了解本地教学需求，这是一个极具针对性的培训过程。进行岗前培训的中文教师必须通过中外语言交流合作中心的考核，且在新岗前培训由坎特伯雷大学孔子学院组织，培训内容主要包括对新西兰本土社会国情和政策法规的了解，教师教育技术指导以及模拟课堂教学管理，集训参观学校历史与环境，参加留任中文教师的分享会，了解教师志愿者工作的准则等。培训方式以集体活动、专家讲座和留任志愿者教学分享为主。其中，集体活动是所有志愿者一起参加活动（新与旧），共同参观工作环境和居住环境，共同采购生活必需品，还有集体聚餐等；专家讲座则是坎特伯雷大学孔子学院院长向中文教师志愿者讲述新西兰国情政策、课堂管理方式和活动安排，以及新西兰学校和中文相关的语言课程介绍等内容；留任志愿者教学分享以邀请优秀的留任中文教师分享其教学经验为主，主要包含教学活动设计和生活注意事项，这部分内容与中文教师志愿者的日常生活更加贴近。

3. 新西兰岗中培训

岗中培训可以进一步解决新任课中文教师在教学与生活上出现的问题。教师在任课一段时间后，还需要进行新一轮的培训。在新岗中培训依旧由坎特伯雷大学孔子学院组织开展，岗中培训方式与岗前培训大不相同，舍弃了岗前培训的传统模板，其培训方式更追求灵活性。以总结中文教师志愿者提出的问题为主，通过邀请经验丰富的中文教师分享其教学经验和生活经验，让志愿者实地学习后可以大体上掌握技巧，并对典型案例进行深度讲解。

第二节 海外国际中文教育课堂教学优化策略

一、课程设置方面

（一）增设专项技能课

在所有中文教育领域，中文综合课程的占比居高不下，它是中文学习者的主要教学场景。事实上，在所有语言的学习中，听、说、读、写四种能力均至关重要。为了促进中文教学的全面发展，帮助学生提升中文综合能力，学校须完善中文课程设置，增加专项技能课程的比重。在调研并了解学生需求后，相关部门单位应针对学生的不同中文水平阶段，进行有效的专项技能课程建设工作，提高专项技能课程的教学质量，从而全面提升学生的语言能力。

（二）丰富文化课程类型

语言和文化关联紧密。语言是文化的载体，文化是语言的内涵。语言和文化是相互依存的，它们之间有着千丝万缕的联系。在学习中文的过程中，不仅要掌握专业的中文技能，还要深入了解中国的文化。因为，通过文化教学，可以帮助人们更好地理解中国文化，从而激发学生学习中文的兴趣和热情。坎特伯雷大学孔子学院拥有丰富的文化活动，但固定开设的文化课程主要包括太极拳和书法课。因此，孔子学院应充分利用其丰富的文化体验活动，通过了解师生对各种文化课程的需求来制定相应的课程。然后，根据这些需求来开设一些具有可行性的文化课程，如中国文化课程、中国文学课程、国画课程以及烹饪课程等。在开设这些课程之前，孔子学院应制定科学的课程目标、内容和教学计划，这样可以提高学生的中国文化知识素养，构建规范化、系统化的中文教学模式。

二、教材方面

（一）编写各国孔子学院适合的本土中文教材

要想编写实用且高效的教材，首要任务就是保证教材的针对性。相关机构应主动与其他孔子学院进行协作，发扬其积极性和示范效果，成立一支由优秀的对外中文教师组成的队伍，专门制作适应各国中文学习者需求的教材。

在本土化教材的制作中，关键的原则就是要有针对性，满足各国的中文教学需求。因此，教材内容需要从学生的实际需求考虑，包括他们的中文学习水平、学习目标以及学习时间等因素。另外，各国的政治地理情况、风俗习惯、学校的教学特色，以及当前学生感兴趣的热门话题也应结合在教材中。

教学内容的编写需要注意各阶段教学内容的连贯性，承接上一阶段的学习内容，并适当提升难度，这也是针对性教材编写的体现。此外，考虑到不同年龄、不同阶段的中文学习者的特性，教材编写也应该个性化处理。例如，初级阶段的儿童学习者需要的教材在语言上应该简洁明了，充满童真，图画辅助可以帮助他们理解和记忆；针对初级阶段的成人学习者，教材的语言应该简明扼要，只在必要时配以简单的插图，避免用词过于幼稚。

总的来说，在制作适合各国中文学习者的本土化教材时，我们需要遵循目标导向、实用有趣、历史与现代相结合的多元化原则，这样才能编写出真正适合各国中文学习者的本土教材。

（二）推动教材多元化发展

中文的课外阅读是一种有效的方式，能够帮助学习者提升中文技能。随着学习者中文知识的积累，他们对于阅读资源的需求也会相应提升。学习者能够通过阅读中文文章、书籍等，观察到自己学习的进步，并从中获得满足感，这进一步激发了他们学习中文的热情。

各种类型的中文读物往往包含中国的历史文化、文学知识和地方风情等内容，因此，学习者通过大量阅读，不仅可以增加中文知识，还可以更深入地了解中国的文化背景。在阅读过程中，学习者可以积累知识，开阔视野，并加大学习中文的动力。

增加课外阅读资源不仅可以为学习者提供复习材料，加深他们对中国文化的理解，还有助于他们在复习旧知识的同时学习新知识。为了推动教材多样化，孔子学院应增加课外阅读资源，丰富学生的阅读选择。

除了编写一些适合不同阶段学习者的中文阅读材料以外，孔子学院还可以通过向当地华人社区募捐，或者让新任志愿者带来一两本课外阅读书籍，来增加孔子学院的课外阅读资源。这样，学习者在阅读课本的同时，也可以通过阅读有趣的课外书籍来提高自己的中文技能，并深入了解中国文化。

三、师资方面

（一）培育本土中文教师

从国际中文教育的演变中我们可以看到，各国或各地区的本土中文教师是推进中文教学的关键。现阶段，许多孔子学院的中文教师主要由国内派遣。2021年10月，陆俭明教授围绕"国际中文教育学科建设回顾与展望"主题在《国际中文教育学科建设高端论坛》中的报告中指出："在境外开展国际中文教育，基本立足点应放在本土教师的培养上，而不是放在派大量志愿者汉语教师出国上"。陆俭明认为，本土汉语教师更了解当地学生与当地文化，对汉语教学进入当地基础教育体系能起到重要的助推作用。

由于有学习中文作为外语的经验，本土教师更能进行比较性的教学，他们深知中文教学的关键点和学生学习的难点，能够进行有针对性的教学。他们的本土优势也使他们能与学生进行更深入的交流，轻松地掌控课堂节奏，从而获得更好的教学效果。

因此，孔子学院应当利用其影响力，与当地学校合作，积极培养本土中文教师，以提高本土中文教师的水平，并增加他们的数量。

（二）增加来华学习中文教师数量

与外籍教师相比，本土教师在文化理解、教学经验和职业发展方面具有无可比拟的优势，他们更加值得信赖且具有丰富的教学经验。[1] 鉴于本国中文教师所处的优势地位，他们可能对国内的变化更具抵抗力，从而降低了中文教学可能发生断层的风险。此举有望推动我国中文教育在国外更好地发展。除了与孔子学院合作外，政府还可以派遣当地的中文教师赴中国学习中文，同时积极支持中文专

---

[1] 李东伟. 大力培养本土汉语教师是解决世界各国汉语师资短缺问题的重要战略[J]. 民族教育研究, 2014（5）：53-58.

业的大学生以预备中文教师身份到中国留学。在中国接受中文培训,并体验中国文化,可以让他们在教授中文时融入自身对中国文化的理解,从而使本土中文教学更具特色。

四、学习者方面

(一)增加学生中文实践机会

作为中文教育工作者,有责任在日常教学中推行促进学生与人沟通的活动,这可以使学生更加深入地接触中文,从而增强理论知识的实践应用能力,提升他们学习中文的成就感。例如,在课后,可以鼓励学生向家人或朋友展示他们在课堂上学到的中文知识,或用中文向教师简单介绍一下自己的家人。在华人家庭中,教师可以引导孩子用中文向家人介绍自己。这也是一种复习的有效方法。只有通过大量的中文实践,学习者才能真正掌握中文技能。此外,教师也有责任激发中文学习者开放的学习态度,鼓励他们利用一切机会与中国人交流,以锻炼他们的中文水平。例如,可以给学生布置一些类似"与一个中国朋友交流"或"用中文与中国教师聊天儿 5 分钟"等任务。

(二)增强学生中文学习的自信心

教师应该积极鼓励学生,在他们学习中文时,充分认识到自己的长处并加以发挥,同时表扬他们的优点,让他们体验到学习中文的成就感,从而激发他们对学习中文的积极性。教师应当同时关注学生在学习方面的不足,并且努力帮助学生建立自信心。学生有时更喜欢文化课,而对于中文技能课感到乏味,因此,教师应该根据不同课型的特点,采用切实有效的教学策略和多样化的教学形式,以及行之有效的教学手段,来帮助学生克服学习难题,提高中文水平,培养他们的中文技能。此外,学习者还应该自己设定学习目标,在中文学习方面对自己严格要求,调整学习态度,勇于接受挑战,克服对困难的恐惧心理。同时,学习者还应该重视中文技能课的重要性,意识到仅仅了解中国文化是远远不够的,还需要掌握听、说、读、写等技能。

第三节　海外孔子学院国际中文教学与中华文化传播

目前，已有超过 500 所孔子学院在全球范围内承担着非营利性的教育使命，专心致志地推动各国各地的人们对中国语言与文化进行深入理解，以此推动中国与世界各地教育领域的合作，以此增进中国和世界各国的友谊，进而促进全球文化多样性的繁荣发展。"一带一路"沿线有 51 个国家建立了 136 所孔子学院，"一带一路"沿线的孔子学院也同样成了当地人民学习汉语言文化、了解当代中国的重要场所，受到当地社会各界的欢迎。在未来，随着"一带一路"国际合作高峰论坛拟定的合作举措开始深化实施，在加强人文交流和打造民间纽带，深化教育、科技等领域的务实合作，促进不同文明间对话和文化交流等方面，孔子学院也将持续发挥不可替代的作用。

就孔子学院的工作来看，在"一带一路"共建国家甚至世界范围内，以中文作为第二语言的目标开展教学活动时，中国文化内容的传播也会借助以下渠道同步实现：第一，在中文课程中的文化教学是将文化元素与语言教学有机地结合在一起，不仅仅是传授中文知识和语言技能。在这个领域，主要侧重于教授语言知识，如语音、汉字、词汇和语法，同时也注重培养学习者的听、说、读、写和翻译等语言技能，以提高他们在中文表达、交流和思维方面的能力，而文化教育则不可避免地成为其中的一部分。第二，开办各项吸引学习者兴趣的中华才艺体验活动与研习课程，主要目的是丰富中文学习者对中国文化器物与技艺层面的认知，如学习剪纸、书法、太极拳、欣赏茶艺、曲艺等。第三，设立专门的文化知识研讨会，如开展文学史、思想史、中国地理、中国政治、中国经济的选修课程、专题讲座等，旨在全面介绍与中国有关的理论观念，以便学习者获得必要的文化知识储备，从而加深他们对中国社会历史、政治经济、学术思想、民族心理等理论形态的理解。在以上三种渠道中，中文课程中的文化教学是主干，而中华才艺体验课程则起到了很大的辅助作用，这二者是孔子学院进行跨文化传播活动的主体内容。相对来讲，开设文化知识课程与讲座对学习者接受程度和讲授者本身的要求都比较高，起着推动文化交流、提升受众对中国文化深层认知的作用。

一、孔子学院中文教学中的文化内涵

孔子学院的基本工作是开展中文教学和中外教育、文化等方面的交流与合作，所负载的中华文化海外传播的使命就是通过小小一个中文课堂实现的，而中文教学活动中的教师提供给学习者的文化内容也是占据主要地位的。中华优秀传统文化的传播之所以通过中文教学实现，是因为语言在文化交流中的作用不可忽视，同时也是由于语言与文化之间紧密相连。

语言恰似文化的明镜，不仅具象显露文化之特性，还真实记录着文化演进的历程。在传承与弘扬文化之际，语言举足轻重，起到了无可替代的作用。而文化乃语言之精髓，赋予其深层次之内涵，使语言焕发蓬勃生机。在文化与语言的共融共生、并力发展之下，共同推动了人类文明的进步。所以，孔子学院在世界范围内进行语言教学的同时，传播文化也是题中应有之义。只有学习到了语言所负载的文化，才能帮助使用者熟练、自如地交际。同样，掌握了作为文化符号的语言才能真正理解这种文化。因此，第二语言（中文）教学活动不仅应重视语言知识和言语技能的传授与训练，还应积极将这些元素与文化知识的注入相结合。这一观点在国内外中文教育领域已得到广泛的认同。

第二语言教学界流行的文化概念是"C"与"c"，意即广义文化与狭义文化。前者涵盖了广泛的领域，包括政治制度、经济制度、家庭制度、地理、历史、文学、科学、艺术、教育等。这些领域涉及人类文明的各个方面，为我们提供了丰富的知识和经验。后者主要关注文化和社会现象，包括风俗习惯、行为举止、思维方式、价值观念等。这些方面反映了人类社会的多样性和复杂性，对我们理解人类行为和文化传承具有重要意义。这是西方外语教学领域在 20 世纪 60 年代就开始使用的概念，而提倡狭义文化应该成为第二语言教学中的重要内容，也是从那个时候开始的。在 20 世纪 80 年代，我国的中文教学界，张占一等学者提出了"知识文化"和"交际文化"的概念，"知识文化指的是两个文化背景不同的人进行交际时，不直接影响信息准确传递的语言和非语言的文化因素。交际文化是指两个文化背景不同的人进行交际时，直接影响交际信息准确传递（即引起偏差或误解）的语言和非语言的文化因素"[①]。具体来说，知识文化可以理解为学习者获得

[①] 张占一. 试议交际文化和知识文化 [J]. 语言教学与研究，1990（3）：15-32.

一种与所学语言相关的文化理论知识,例如,留学生可以通过专业课程了解中国的建筑艺术、曲艺音乐、哲学思想、文学知识,但缺乏这些也不会直接造成日常中文交际中的障碍。交际文化是一个民族在以语言为媒介的交际构成中表现出来的文化精神和行为模式,必然也是一个民族文化系统中的子系统。进入20世纪90年代,吕必松的研究将交际文化概念拓展至语言系统内部,反映出民族的价值观、是非基准、社会习俗、心理状态及思维方式等与语言理解和运用密切相关的文化元素。这种"知识文化"与"交际文化"的划分突出了语言教学中文化教学的特征与重点,并在中文教学领域长期沿用。

在两种文化观念的互补与交叉区域,我们注意到,与以母语传承的中华文化存在差异,中文教学中的文化内容实际上是外国人在学习和理解中文的过程中,以及与中国人进行交流时所需掌握的相关信息,也就是语言学习和使用过程中涉及的文化现象。这其中,适用性强、直接关联性大的就是交际文化。而学习者要深入领会乃至精通中文,又必须以"狭义文化"的内容为目的,同时以广义的知识文化为背景,还需要学习者在中文教学中从理解、运用和分析等不同层面逐渐获得。

综合前述概念,下面探讨的就是已被纳入中文教学中,对语言学习、理解和表达产生影响的三类文化因素,具体包括中文中的交际与礼仪文化、历史与制度文化、地理与物态文化。

（一）中文中的交际与礼仪文化

"一带一路"共建国家的中文学习者以初级水平为多,在这一阶段的中文教学如果根据语言知识的难易程度传播中国文化,就要着重解决日常生活交往所接触的问题,使学习者掌握与语言初步运用直接相关的文化内容,于是,称谓、问候、道别、道谢、敬语和谦辞、对恭维和赞扬的反应,以及各种禁忌、委婉表达,这些交际与礼仪文化就是孔子学院中文课堂中最初展现的内容。对学习者而言,最具有价值的文化资源也是最贴近生活的,也就是贯穿在日常生活和交际活动中的礼俗与语言文化。

无论使用何种语言,在交际的开端,双方要选择合适的称谓,显示出情感关系的指向,配合一定的社交场合使用。中文尤其重视称呼方式,最常用的姓名称谓虽然不过几个汉字，但往往与中国文化中最有代表性的部分相连，不仅对每个中国人而言是一生的寓意，而且又寄托着来自中华优秀传统文化中的伦理精神、价值观念、理想追求。在国外，为中文学习者起一个优雅的中文名字往往是中文教师的责任，而这个名字甚至会成为许多学习者长久的"中文烙印"。同时，中文课程的初级内容也必然与亲属称谓有关，家庭成员的教学主题看似容易，实则复杂。在日后延伸至中文学习的高级阶段时，该主题仍能向学习者揭示中国文化的内涵。因为亲属称谓是以本人为轴心来确定亲属与本人关系的标志，中文的叙称法与世界上大多数民族的亲属称谓的类分法不同，它显示出传统的长幼有序等一系列观念。亲属称谓的社会化，又透露出"天下一家"的思维方式。中国人在社会交际中常把社会当作家庭，把社会交际对象视为亲属成员。对大多数中文学习者而言，中文总是蕴含着新奇而繁杂的用法。此外，社交称谓一般在面对社会交往人群时使用，中文学习者使用频率较高，因而显得更为重要，运用得当与否也会直接影响他们与中国人的交际效果。

自古至今，官职体系在中国政治社会生活中起着至关重要的作用，它在各个历史阶段中的地位举足轻重，这种现象不仅渗透到中国古代的政治运作中，而且深深地影响了今天的社会交往活动，甚至形成了一种独特的社会交际风尚。这种风俗习惯在现代中国社会中依然如故，中国人一直以来习惯于使用一个人所从事的职业或担任的职务来称呼他人，这不仅仅是一个简单的称谓，还是一种对特定职业的尊崇和认同，人们试图通过对他人职业的尊重和认同，来达到一种对社会秩序的维护和社会价值观的传承，如"李科长""陈经理""张老师"等。除这种称呼外，现代社交称谓的构词方式还有十几种，如"词头+姓""姓+师傅""姓+先生/女士"等。如此复杂多样的称谓，母语者基本是习焉不察，而初级中文学习者往往有口难开，需要在中文课堂上学习和掌握。

"问候"作为社会交际中常见且广泛使用的元素，已经成为人际互动的核心环节。与其他礼仪方相同，问候礼仪在社会生活中产生了推动人际交流的巨大影响。问候语的恰当运用将直接影响交流的顺畅性。因此，中文学习者有必要理解并掌握地道的问候语，这也是他们必须具备的社交礼仪知识。问候之前要称呼对方，有时还要辅以招呼、欢迎词、寒暄语等内容，这要求使用中文者有一定的词汇、语法基础。在中国，关心和询问的内容又往往不同于别国，"你吃饭了吗""你去哪儿""你在忙什么"都可以作为问候语，这种问答式的使用比例较高，中文初学者经常不知如何应对。从表达内容的角度来看，问候还可以分为普通式，如"好久不见"；称谓式，如"老师好"。在多变的形式之中蕴含的是礼貌原则，体现了中文口语的交际导向。

结束交流时，人们使用以礼节为基础的告别语，这种语言在各种场合都会被采用，例如，在电话的结束、宴会的结束、访问或谈话的结束、出行或公共场所偶然相遇的时候。由于特定场合的不同，告别语也可被划分成多种类型：其中包括直接的告别语，如"再见""回头见"；含蓄的告别语，如"我得走了""我还有别的事情"；还有附带叮咛和祝福的告别语，如"期待下次再见""多多保重，保持联系"等。在中国人的交往中，他们总是关注对方的需求，为了尊重对方，有时会采取快速的告别方式。学习中文的外国学生不仅需要掌握适当的告别语，还应该理解中国人的交际心理。

在世界各地，人们在接受赞美时展现的态度各异。尽管人们都渴望得到他人的肯定，但因受到各自文化传统的熏陶，中国人在面对赞赏时，往往表现出一种独特的风范。中国有一句俗语，称"满招损，谦受益"，这一价值观根植在大部分中国人的心中，使他们在面临赞美时，会婉拒赞美。例如，当他人称赞你字写得很好或钢琴弹得出色时，中国人会谦虚地表示"还可以吧"或"哪里哪里"，只有极少数人会直接接受他人的赞美。这就是中国人对待赞美的独特方式，虽然态度谦逊，但他们会以自己的方式，表达对他人赞美的感激之情。

在国际沟通日益频繁的当下，中国人对自身价值观的重视程度日益深化。面对他人赞赏时，国人的回应方式已经发生了显著变化。如今，不少年轻人在面对他人赞誉时，往往以淡淡微笑与一句"多谢"作为回应。这不仅仅是语言使用者的回应方式在发生改变，也隐含着社会群体交往观念的变化。

当学习者步入中文的门径时，一些禁忌语、委婉语的表达方式也是必须了解的，否则在与中国人交际过程中难免会出现因误用禁忌称谓而违背交际礼仪的行为。

首先，在中国，尊重并纪念先祖是一种传统，不得直接称呼祖先和长者的名字，这就是名讳，汉族、藏族等许多民族的祖先崇拜习俗中都有这一类禁忌事项。即便是现在，子女也不会直接呼唤长辈的名字。为孩子起名时，还会避开与长辈名字相同、同音、谐音的字。

其次，中文因对不吉、不洁事物的禁忌而产生的普通禁忌语、行业禁忌语数量更多，如北方人忌讳"折本"的兆头而把动物舌头称为"口条"，广州人为待租的空屋贴上"吉屋出租"的标签是碍于"空"与"凶"同音等。禁忌存在的同时，中文的委婉语也就产生了，在众多表达类型中常见的有关于死亡的几十种委婉说法：如"作古""归天""长眠"；还有关于排泄以及生理现象的委婉语，如"方便一下"；关于身体缺陷的委婉表达，如"谢顶""失明""耳背"；涉及社会领域，中国人对若干不良现象也会采用委婉的表达方式，如"三只手""走后门"。这些字形与读音并不复杂的词语经常使中文学习者感到困惑，尤其需要中文教师借助孔子学院的课堂为其揭示字面意义之外的内涵。

最后，中文学习者还需要理解中国文化最基本的交际规约之一，即谦己敬人。具体来说就是对别人要用敬语以示尊重，对自己则要谦逊。对待长辈或是同辈，一般情况下都要用"您"，称对方用"贵"，例如，"贵公司""贵姓"等，其他的如"请教""拜托""高见"等；对自己则用"敝"，如"敝人""敝公司"等，其他的还有如"寒舍""内人""浅见"等。不论在口语沟通还是在书面语写作中，谦己敬人的词语与表达都体现着中文使用者的思维方式。例如，介绍别人的时候，将对方的地位稍微抬高一些，以此来显示对他人的尊重；介绍自己的时候又把个人和相关事物说得低一些，表示谦虚。这在中国文化中被视为言谈得体、恭敬有礼。所以，教师也需要在教学中从交际与文化的角度帮助学习者理解这些语言现象，甚至将其转变为可以运用这些语言手段的"中国通"。

（二）中文中的历史与制度文化

中华民族有着五千年的历史文化积淀，政治经济发展、社会制度变迁、科学技术进步都在中文中留存了下来。这种深厚的底蕴一方面离不开汉字的记述、传播、传承，另一方面也必然在汉字这面镜子中映现出自己的丰姿与魅力。很多学者的研究都指出，文化的构成要素包括符号，那么沿用几千年的汉字作为中国历史文化的集中代表，正是中文国际教育领域及孔子学院在教学活动中应首要向世界传达的代表性"符号"。汉字的形、音、义历来蕴含着丰富的历史文化信息，除了具体的物质形态外，中国人的认识观在汉字中也是有迹可循的。例如，"思"从"心"，因为古人认为心居人体中央，主宰思考。至于民俗及历史制度在汉字中也有广泛体现，如"夫，丈夫也，从'大'，一以象簪也"[①]，意思是大丈夫在20岁成人礼时，要用簪子束起头发，以表示被视为成人。再如，"取"是会意字，"从耳从又"，甲骨文字形上看左边是耳朵，右边是手（又），合起来表示用手割耳，反映出古代战争中战胜方杀死敌人后要割下耳朵作为战绩的凭证。如今国际中文教育与中国文化"走出去"已经步入了"一带一路"时代，对汉字内涵进行解读和发掘还可以借助语言学、传播学、心理学等视角和各种媒体技术手段，使孔子学院课堂里古老而生动的"中国符号"再次赢得世界的瞩目。

当然，汉字作为当今世界唯一的表意文字，又是最悠久的、发展历程没有间断过的文字，汉字不仅诠释了中华民族在文字创建和运用上的独特智慧，也为人类文明作出了显著贡献。从历史上看，越南、朝鲜和日本等国家在不同时期接受并采纳了汉字，并将其直接或间接地构建成自己国家的官方语言，这一发展历程对这些国家的民族思维和个性产生了丰富多样的影响。正是从这个意义上，一些汉学家提出"汉文化圈"的概念，以此和印度教文化圈、伊斯兰教文化圈、基督教文化圈相区别。与其他文化圈相比，"汉文化圈"中通行着许多反映中华民族政治、经济、法律、教育等制度的词语，不仅仅依赖于宗教因素，更是在共同的语言文字构造基础上形成。换言之，历史上某些存在文化差异的区域和文化结构，在汉字的影响下产生过融合的趋势。汉字曾经充当了"汉文化圈"形成的内在精神动力。在今天"一带一路"共同体的打造中，我们也特别需要像汉字这样的核心符号与内在纽带，从中亚到欧洲、非洲沿线建立更多文化交融和民心相通的渠道。

在国际中文教育活动中，汉字虽然总是会成为学习者遭遇的难点与痛点，但同时也是他们学习过程中的焦点所在、兴趣所在。能够吸引学习者坚持一笔一画描摹"方块字"的因素除了汉字的生命力与凝聚力、代表性与独特性外，还在于汉字在长时间的历史进程中，融入了一些精神化、艺术化因素。中国人在利用汉

---

① 许慎. 说文解字[M]. 上海：上海古籍出版社，2001：119.

字进行交流和沟通时，通过巧妙地融入汉字的结构特点，使得汉字与文学、艺术等文化现象相互交织，产生了独特的审美魅力。举个例子，通过使用相对隐晦的象征意义，汉字和字谜文化建立了紧密的关联。同其他文字相比，汉字为字谜开辟了广阔的天地，其特有的形体特征可以被字谜充分利用，形成思路多样、内涵丰富、风趣幽默的智力游戏形式。再如，汉字与对联文化的关系，很难想象这种体现中文精妙与汉字美感的艺术形式以其他语言符号来表现。对联作为一种传统的文学样式，在当今时代，它仍然具有广泛的群众基础，其内蕴深远的文化精髓，对社会生活的各个领域进行了深入而广泛的渗透，同时在节庆活动中，它也成为一种盛行的文化现象。中国的书法文化是由文字书写最终发展成为一种艺术形式的，黑白之间把文字的书写性上升到一种审美高度，反映了中国人卓越的精神追求。所以，对学习者而言，汉字不仅是作为语言要素被接受的，也是他们一窥中国文化、文学、艺术堂奥的必由门径。

另外，受限于特定的社会历史和物质基础，民族与群体对各种行为准则、规范和各种组织形式的建构也集中形成了中国的制度文化。这不仅反映在以传统、习惯、经验与知识积累而成的生活层面，也会在语言资源的层面被记录和传承，大量的文化词语就是这方面的翔实例证。有学者曾把文化词语分为15类，即历史、地理、政治制度、宗教、人物、文艺、服饰、饮食、节令、习俗、礼仪、器具、建筑、成语、其他。以下简单列举其中一部分：

地理：梅雨、乾坤、三伏、三九、梯田。

政治制度：连坐、禅让、丞相、封禅。

服饰：旗袍、中山装、乌纱帽、马褂、胡服、长袍、冠冕。

饮食：饺子、月饼、粽子、年糕、发糕、莲子、汤圆。

节令：春节、中秋、重阳、清明、元宵节。

习俗：闹洞房、踏青、赏灯、登高、赏菊、划龙舟。

礼仪：稽首、长跪、万福、请安、拜堂。

不仅在以上类型中能体现中国历史发展的印记，文化词语也涵盖了经济制度、教育制度、家族制度、婚姻制度等，如"田赋""丁口""休养生息""屯田""联产承包""科举""举人""殿试""文字狱""百家争鸣""阿注婚""妾室""宗祠"。中文的一个突出现象就是政治词语很多，除了在古代历史中产生以外，1949年以来的每次社会变化都记录在了中文中,如"政审""精神文明""中国特色""和谐社会"。此类词语传递的民族文化的独特信息,实际上能让学习者了解到中国人的历史与传统、规范与经验。所以,当中文学习者步入中高级阶段时,我们的中文课堂为之提供语言知识的同时,还必须以文化内容作为补充。

除文化词语外,中文中的颜色词、数字词和动物词也有记录和表述中国历史、制度传承的作用,通过这些方面的中文教学工作,也可以向"一带一路"共建国家人民介绍中国人观念层面的语言崇拜与信仰。

首先,对颜色词的解读,具有深厚的社会和民族意义,始终保持着自身的独特性。这是因为,不同民族的人对颜色的理解和感知各不相同,在视觉和心理层面上所产生的联想和象征意义也各有差异。可以说,汉族是拥有十分丰富的色彩词汇的民族,远古图腾崇拜与尚色信仰、阴阳五行都蕴含在诸多颜色词中。而且除了主要的如红、黄、黑、白、绿、蓝以及一些间色的表达外,中文中还有着形式多样的表述方式。例如,以植物喻色的"樱桃红""姜黄""竹青",以动物喻色的"孔雀蓝""驼色""鹅黄",以食物喻色的"茶色""奶白""枣红",以珠宝金属喻色的"金黄""银白""宝蓝"。在表述上的丰富性、形象性使中文中各类色彩词汇的数量大大增加,而其中所赋予的民族情感、时代色彩、文化内涵还需要孔子学院的教师在中文教学活动中加以揭示。

其次,动物词所具有的文化寓意也是民俗传统、心理和思维模式所赋予的,在中文教学中解释其本义可能只是很小一部分工作,发掘其文化语义并建立与其他文化中动物词对比的通道,对于学习者而言才是更重要的。比如,古人以"羊"为"祥"字,主要是以羊头示吉祥。"三阳开泰"中"阳"与"羊"同音,意义是预示吉祥。由于中国人倾向于具象思维,希望将吉祥之意表现出来,所以人们将"三阳开泰"说为"三羊开泰",在年画中,经常会用三只羊来代表此意。再如,中西方对"龙"的理解很不相同,中国人以龙为神圣吉祥的天地主宰,封建王朝时期,龙便被帝王所垄断,龙袍、龙椅以及其他龙的图案作为历史遗迹保存至今。反映在成语中,中文表达也常以龙为先,其他动物在后,如"龙争虎斗""龙飞凤舞"。

最后,由于数字词与中文中部分字的发音近似或相同,它们在计数功能之外也拥有了与谐音字相同的内涵。以中文为例，中国人在选择数字时，更倾向于选择"八""九"等吉利数字，这正是源于数字的谐音。中文数字文化以心理联想为基础，借助中文语音方面的特点，使那些听起来寓意美好的数字成了人们日常生活中的高频词，而那些不吉利的数字，人们则往往避而远之。汉族的"尚偶"情趣，也需要得到中文学习者的理解。在中华文化中，万物的演变过程始终遵循着"一分为二，二变四，四化八"的增长规律。这一理念促进了人们对双数的偏爱，在这种文化理念下，双数被视为吉祥的象征。在选择婚礼日期时，中国人倾向于挑选双数月份和日期，这一习俗在许多地区都得到了印证。除此之外，在我国一些地区，丧葬、动土和搬迁等重要活动也经常在农历的双数日子进行。由数字词衍生出众多传统文化语义，这种现象的确是在其他语言中不多见的，不过与欧洲、非洲等地区语言中数字的玄奥色彩相关联，学习者还是能够发现彼此相通之处的。

（三）中文中的地理与物态文化

文化的形成系多种因素交互复杂作用所致。地理环境无疑是其核心要素。每个民族都享有独特的文化，这种文化的起源和发展，均源自其所处的自然环境。自然环境的差异往往催生文化类型的变迁。就如同中华民族的文化，其背后的演绎，皆有赖于该国自然环境的塑造。在孔子学院教授中文、介绍中国文化时，一个鲜活的"中国形象"的塑造实际上往往是由具体的地理概貌的描述、可观可感的实物形态入手的。

地理环境构成了中国文化特性的主要要素。中国的辽阔疆域为诸多民族的生活和发展提供了优越的条件。从地理环境上来看，我国文化主要有以下几个方面的特点：第一，历史上多次大范围的民族迁移与交融，清晰地呈现了中国国土的广袤。第二，中国地理环境的多样性和气候的复杂性，为中国文化的丰富性和多样性提供了牢固的基础。正如俗语"一方水土养一方人"所揭示的，这也是中国地域文化繁多的缘由。第三，地理位置连接的关键性。中国地处亚洲之东，面向太平洋，西接欧亚大陆，这使得中国与世界其他国家和地区在两千多年的时间中陆续形成了多个互联互通的道路与平台，陆上丝绸之路和海上丝绸之路就是这样。身处东西方政治、经济、文化交流的主要通道上，中国文化有了更多广泛传播的可能和动力，从而产生了世界影响。

在孔子学院的中文课堂中，中国文化所具有的各项空间性特征具体可感，对中文学习者很有吸引力。对中国地理概况的整体认知，对各种地域文化与方言的深入探索，对中国文化传播源头与路线的梳理，多属于文化教学的范畴。结合目前"一带一路"沿线文化传播与融合的需要，由丝绸之路的地理分布而产生的中文词汇、相关省份的地域文化都可以纳入教学活动中，比如，介绍瓷器名称与制作技法，在中文教材中体现西北、东北、西南地区的山川景物等。对于热爱旅游的外国中文学习者，中文课堂中了解到的中国的地理方位、地形特点、景点分布，都可能会成为他们日后亲身游历中国时追寻的目标。

从"一带一路"共同体建设的需要出发，国内的新疆、陕西、甘肃、宁夏、青海、内蒙古等地的地域文化将会成为未来孔子学院中文教学重点涉及的部分。这些地区有古代丝绸之路的传统，也是今天通向"一带一路"各支线的连接省份，其特定区域内的生态、民俗等文化形态已经打上了鲜明的地域烙印，具有无可替代的独特性。至于海派文化、江浙文化、东北文化等在语言、文学、艺术、戏曲、饮食、建筑等领域的地理特点也具有充分的代表性，以之作为文化传播内容，既立足民族又面向世界，更能体现"一带一路"的地缘关联。当然，中国还有诸如中原文化、燕赵文化、齐鲁文化、三晋文化、湖湘文化、巴蜀文化……都是可以充分发掘的地域文化教学资源。以实物、图片、影像资料展示具象的居间艺术、遗迹和景观，介绍比较抽象的学术思想、风俗习惯等，都是不错的文化传播思路。已有教学实践证明，六朝古都北京、十三朝古都西安、七朝古都开封、西南地区四川的成都等地，都给孔子学院的广大受众群体留下了深刻的印象，不仅是吸引国内外众多人士前去旅游观光，还可以帮助他们从本质上把握中国地域文化的特征，扩展知识结构，强化人文观念和交流意识，甚至激发学习者进行文化创造和投资文化建设的热情。

中国地域辽阔，地理环境多样，气候条件丰富，动植物品类繁多，这都为人们的衣食住行提供了坚实的物质基础。国外中文学习者所接受的文化信息当中也必然包含饮食、服饰、建筑等物态层面的内容，这些也是人类生活共通的部分。

首先，中文课堂中较早触及的话题往往是"吃"，这正符合中国人"民以食为天"的理念，而中国茶文化、酒文化也都包含在一篇篇中文对话和课文中。随

第六章　跨文化视角下海外国际中文教育课堂教学实践研究

着学习的深入，不仅中国人对食物名称的繁多表达、制作方式的细致区分、菜系酒品的基本分类等会进入课堂之中，而且这类文化内容在食材利用、食具配置、营养保健和饮食审美等方面的观念与技艺，也已经成为提供给周边国家和地区的物质财富及精神财富。从纵向的历史流变观察，中国饮食文化对日本、蒙古国、朝鲜、韩国、泰国、新加坡等国产生了深远的影响，这使得中国被视为东部饮食文化的核心。同时，中国饮食文化对欧洲、美洲、非洲和大洋洲的一些国家也产生了一定程度的影响。如今借助"一带一路"沿线的孔子学院传播中国饮食文化，除了中文教材与教学实践中体现的内容外，在才艺体验类文化课程中还有更直观的表现方式。

其次，服饰文化是人类走向文明的重要标志。对于中文学习者而言，通过研究中国不同时代的服饰样式，他们能够更深入地了解当时的社会制度、风俗习惯、礼仪制度和审美观念。中国古代的服饰不仅具备实用功能，还承载着穿戴者的社会地位信息。服饰不仅是一种文化符号，也是道德规范和社会习俗的象征。如明朝官员所戴的官帽是由乌纱制成，故称之为"乌纱帽"，随后"乌纱帽"就被用作"官职"的象征性词语。通过对服饰的研究，中文学习者可以更好地理解中国的历史文化，提高跨文化交际能力。清代的"长袍"和"马褂"显示出人物身份的尊贵，当文学作品里的人物有如此衣着时，读者也能获得其身份地位的信息。这些内容都可以通过鲜活的中文词汇以及生动的实物展示，向"一带一路"共建国家的民众加以介绍。在中国古代，各个朝代的服饰风格各具特色，等级制度严格。官员的品级和官服的样式、颜色都有严格的规范。社会不同阶层的人们在服饰选择上也有明显的差异。贵族和地位较高的人群常常穿着名贵的丝织品作为主要服饰材料，而地位较低的人群则使用相对较差的材料。通过丝绸之路远达非洲的中国丝绸曾经使其统治者着迷，中国几千年的丝绸文化也让今天"一带一路"共建国家的中文学习者赞叹。除此之外，服饰对于当时的风俗习惯也有明显反映。在丧葬仪式中，丧服的质地会随着时代和社会的变迁而发生变化。最初，丧服主要采用麻布制作。随着社会进步，丧葬的主要服饰演变为白色，这是一个重要的演变。此外，丧服的形制和重量因血缘亲疏的不同而有差异。

最后，建筑活动与全人类的生产生活息息相关，建筑成果是凝固的历史与艺术。对于我国的建筑文化，建筑历史学家梁思成曾有精辟论述："其大小建置，或为我国人民居处之所托，或为我政治、宗教、国防、经济之所系，上自文化精神之重，下至服饰、车马、工艺、器用之细，无不与之息息相关。中国建筑之个性乃即我民族之性格，即我艺术及思想特殊之一部，非但在其结构本身之材质方法而已。"[1] 所以，选择中国建筑文化作为孔子学院文化传播的内容，对于中文学习者掌握、解读民族文化性格非常有帮助。从四合院、天安门到拙政园，规整对称、阴阳和合的审美追求，中国人的宇宙及人生观都凝结在古今建筑之中。传统中国与当今社会的人文景观也都是借助各地建筑展现出来的，中文学习者可以还原历史，也可以把握今日中国的现代风采。

二、孔子学院中华才艺教学内容与文化

对于初、中级中文水平的外国学生而言，在孔子学院接触到的文化课程多为才艺体验与研习类。随其中文水平的提高，到了中、高级阶段，文化课程形式会更加丰富。除才艺类课程之外，还会涉及专业知识类文化课程，这类文化课一般采取讲座形式，需要学生有一定的中文语言基础和文化知识积累。这两类文化课程的内容分别指向文化的行为与观念层面，也是由浅入深的关系。下面我们就面向更广泛受众群体的中华才艺课程展开介绍。

随着受众数量的攀升和文化需求的扩大，孔子学院中的管理者和施教者，以及文化传播与推广的决策者和设计者更需要对才艺体验类课程的发展趋势有所把握。

中华才艺课程以体验、感受为主，目的是吸引更多中文学习者在行为和技艺层面研习中国文化，促进他们的中文学习，加深他们对中国语言和文化的了解。目前，世界各国孔子学院的才艺课程形式直观、品类多元，与中国古代教育史上"礼、乐、射、御、书、数"的"六艺"相较更有时代特色，已经产生了更多新的符合受众需求的类型。本着尊儒学、依古法又与时俱进的理念，借用周代的"六艺"分类概念，我们将中华才艺文化的内容大致归为六类，即民乐类、语言类、手工类、书画类、生活类和体育类。以下将在这"新六艺"中选取若干项适合"一

---

[1] 梁思成. 中国建筑史 [M]. 北京：生活·读书·新知三联书店，2011：125.

带一路"共建国家中文学习者的才艺品类进行介绍。

（一）民乐类

中国传统民族音乐是中华才艺的重要组成部分，主要分为声乐和器乐，每个门类又分为很多个小类别，如戏曲就分为各种地方戏。考虑到在海外进行才艺教学的现实条件和可接受程度，民歌、京剧、皮影戏以及几种器乐更适合学习者体验和研习。

现如今我们所说的民歌，大都是指与流行唱法相对的民歌，这些歌曲风格自然坦率，能够表达人民淳朴的生活感受，歌词大多朗朗上口，旋律轻快，感情真挚感人，可以作为中华才艺教学的优秀资源。《茉莉花》（江苏民歌）、《掀起你的盖头来》（新疆民歌）、《请到天涯海角来》（海南民歌）、《爱拼才会赢》（闽南民歌）、《美丽的草原我的家》（内蒙古民歌）等地方民歌已成为国外脍炙人口的中国歌曲。值得一提的是，以歌唱家邓丽君演唱的作品为代表的一批流行歌曲，虽不属于民歌，但是其以优美简洁的歌词和曲词中饱含的真挚感情，在国外形成了较高的知名度和传唱度。邓丽君的影响不仅遍布东南亚、日本，甚至远扬美洲、非洲地区，以至于提起中文歌曲，外国学生必然会想到邓丽君的《甜蜜蜜》《月亮代表我的心》《小城故事》。这些歌曲无论在任何时候、任何地点，都值得被列入中华歌曲才艺教学曲库。

"一带一路"倡议的提出和推进，为我们带来了融汇民心的启示和灵感：结合地域特点教授民歌。"一带一路"共建国家不仅与中国有着深厚的历史渊源，而且还有着密切的地缘关系：我国新疆维吾尔自治区毗邻中亚地区，福建省、广东省则与东南亚地区隔水相望。那么，在中亚地区，如塔吉克斯坦、乌兹别克斯坦、吉尔吉斯斯坦等国家的孔子学院在推广和教授中国民歌时，可以以新疆民歌为主推曲目。《掀起你的盖头来》《玛依拉》《吐鲁番的葡萄熟了》《达坂城的姑娘》等著名的新疆民歌节奏活泼鲜明，情绪热烈欢快，与中亚地区人民的生活习惯、音乐风格有很大的相似性，容易被中亚地区的中文学习者所接受，从而引起他们的学习兴趣。而在东南亚华人聚居的地区，邓丽君的流行歌曲会唤起充分的共鸣，可以作为文化传播的有利素材。

戏曲是"戏中之曲"，历史悠久，是具有中国特色的传统舞台戏剧形式。我国共有 300 多个戏曲剧种，京剧、昆曲分别于 2010 年 11 月 16 日和 2001 年 5 月 18 日被列入"人类非物质文化遗产代表作名录"和"人类口述和非物质遗产代表作名录"。中文学习者熟悉的中国国粹——京剧，早在 20 世纪二三十年代，就已经成为文化外交的重要名片。在中华才艺教学中，如何将京剧艺术介绍给外国学生，使他们接受并对这种传统的中国艺术形式产生兴趣，也是孔子学院教师应该考虑的问题。

京剧的服饰绚丽多姿，脸谱色彩多样，唱腔丰富、婉转动听，武打动作精彩绝伦，这是京剧能够吸引外国学生的外在条件；京剧台本多京韵对白，和其他戏曲比起来，与普通话更为接近，这也有助于学生理解戏曲内容，使京剧教学进入孔子学院课堂成为可能。美国的宾汉姆顿大学孔子学院已经建立了第一家戏曲孔子学院，培养出了大批外籍戏曲"票友"。该院曾排演了京剧版《罗密欧与朱丽叶》，受到了大学师生和社区观众的热烈欢迎，近千名观众观看了演出，对推广中国戏曲、表演艺术和文化起到了示范作用。在 2013 年第十二届"汉语桥"全球网络视频大赛上，宾汉姆顿大学戏曲孔子学院的代表白珂以其精彩的京剧《天女散花》的表演，荣获了优秀奖。这一成功的展示不仅激发了广大外国学生对于中国戏曲文化的兴趣，也为戏曲孔子学院增添了更多的声誉和吸引力。

中国的皮影戏是以剪影形式表演故事的民间戏剧，是一种实物制作的文化形态，皮影的制作过程还综合了中国民间绘画艺术和雕刻（刻纸、剪纸）艺术。2011 年 11 月 27 日，中国皮影戏入选"人类非物质文化遗产代表作名录"。将皮影戏和皮影制作排入孔子学院中华才艺课程体系已经有院校进行了尝试，而且"一带一路"共建国家的中文学习者也对此表示了欢迎和喜爱。

中国自古以来就是一个器乐艺术十分发达的国家，"礼乐"更是中国古代文明的重要组成部分。在演奏方式即吹、拉、弹、唱的类型之中，经过教学实践的检验，吹奏类器乐更加简单易学，更适用于"一带一路"共建国家孔子学院的中文教学。吹奏类乐器中又首推笛子，笛子在中国广为流传，一般由竹子制成。无论演奏悠长、高亢、辽阔、宽广的旋律，还是欢快、低沉、忧伤、婉转的曲调，都有着十分丰富的表现力。很多国家都有类似竹笛的吹奏乐器，因此，教学中有颇多共通的可能性，使得笛子受到众多国外学习者的喜爱。近些年，用陶土烧制的吹奏乐器——埙，因其音色古朴淳厚，颇具古风，形状小巧，方便携带，吹奏技巧简单，容易掌握，也已经成为很多孔子学院的配置资源。在孔子学院的文化活动、才艺课堂上，经常可以听到埙幽远绵长的乐音。这声音就像太古遗音，从国内到海外，重新焕发出了民族器乐新的生命力。

葫芦丝作为来自云南少数民族的乐器，音色轻柔细腻，圆润质朴，柔美迷人，常用于吹奏山歌、小调等民间曲调，适用场合广泛，为海外的文化教学增添了许多欢乐。在很多孔子学院中，葫芦丝简单易学，同时以可爱的"葫芦"外形受到广大外国学生的喜爱和追捧，几乎成了他们中华才艺研习的入门技能。在"一带一路"共建国家中，泰国的主要民族泰族与我国境内的傣族、壮族有着深厚的根源关系，他们的语言同属于汉藏语系壮侗语族。此外，泰族和壮族的居住环境，与我国云南和广西地区也存在诸多相似之处，泰国人民和我国西南地区的人民自古以来就有密切往来。在20世纪早期，葫芦丝作为一种民族乐器，已在泰国的一些区域得到广泛传播。中泰两国的葫芦丝文化交流史源远流长。泰国传统的吹奏乐器如竖笛、排竹笙、竹管全笛等，也和葫芦丝有着异曲同工之妙。这些历史渊源和文化相似性使得泰国学生较易接受和掌握吹奏葫芦丝这一中华才艺，因此，在泰国的孔子学院开展葫芦丝才艺课程是非常因地制宜的方式。

（二）语言类

语言类才艺一方面与孔子学院的中文学习活动密切相关，另一方面也是极富表演性、原创性的一类文化体验课程。像曲艺这种由民间口头文学和歌唱艺术经过长期发展演变而来的艺术形式，以"说""唱"为主要的艺术表现手段，既能辅助中文教学，又能实现中外共通的审美享受。其中比较容易推广和为大众接受的主要有如下几类：

相声扎根于民间，源于生活，在中国一直是深受群众欢迎的曲艺表演艺术形式。国外有类似于相声的"talk show"（脱口秀），所以，对很多外国人来说，相声是具有中国特色的"脱口秀"，是一种具有吸引力和认同感的中华才艺。

第一位在中国正式拜师学相声的外国人是来自加拿大的大山，他在北京大学进修中文结束以后，拜相声表演艺术家姜昆为师，学说相声，并几次亮相中国的春节联欢晚会，受到了中国观众的喜爱，他还出版了一张个人专辑《不远万里逗逗哏：大山说相声》。相声大师李广全也收了很多"洋徒弟"，比如，来自英国的大牛、来自喀麦隆的捷盖、来自贝宁的莫里斯、来自爱尔兰的董默涵、来自法国的李霁霞等。可以说，这些来自不同大洲、不同国家的外国人，纷纷折服于相声这一语言艺术的魅力。

小品与相声不同，它是较新的艺术表现形式，特点是短小精悍、情节简单、幽默风趣，同时贴近生活，语言精练，内含哲理，属于"文化快餐"，这些特点都使得小品容易为外国人理解和接受。国外的孔子学院在进行中华才艺汇演、中国文化技能比赛时，往往会见到由外国学生表演的相声、小品。相声、小品不仅方便编排，而且侧重点在于可以帮助学生提高中文水平，还能通过巧妙的构思和剧本编排，让学生体会到中国文化和外国文化的交流碰撞，是中国语言类才艺的代表类型。

快板作为汉族说唱艺术，语言简洁，段落鲜明，表演者能够在才艺教学中对台词进行设计，有利于学生练习中文口语。快板吸引人的另一面还在于组成它的"大板"和"小板（节子）"的打击方式，节奏感强，且打击方法通过练习很容易掌握。在正式表演时，口头表演和手头表演同时进行，现场效果颇佳，常能激发外国中文学习者体验和尝试的强烈兴趣。

（三）手工类

手工制作类的才艺多发源于民间，传承自前人，是对民间文化的完美诠释。对于"一带一路"共建国家中文学习者了解中国的民俗传统、人生百态非常有用。中国手工技巧有非常丰富的类型和内容，适用于才艺教学的有剪纸、折纸、制作中国结等。它们的共同点是不仅容易上手，而且制作材料简单，方便携带，是孔子学院教师的理想选择。

剪纸是中国汉族最古老的民间艺术之一，窗花、门笺、墙花、顶棚花、灯花等都有着质朴、生动的艺术造型，体现着丰富的艺术魅力。剪纸是一种十分具有生活气息的艺术，它的内容往往与中国民俗、历史故事、生产生活或者祈福纳吉相关。从剪纸中，可以了解中国人的民俗特点、生活习惯等，鲜艳的色彩也十分具有中国特色。同时，剪纸需要的工具简单，一张纸、一把剪刀足矣，在才艺教学中属于易于实践的类别。

中国结这种装饰手工艺品，几乎遍布国外孔子学院的每个中国文化教室或文化活动现场。因为中国结在日常生活中具有实用价值（作为盘扣、手链、璎珞等），深受外国学生的喜爱，所以制作中国结一直是手工类文化体验的热门课程。中国结，其构造自始至终都依赖于一条线的编织，经由各个结饰的交互组合，并借助其他吉祥图案的装饰品，最终打造出了设计独特、意蕴深厚的中国传统吉祥装饰品。中国结除了优美多彩之外，常以"双喜临门""吉祥如意""一路顺风"等命名，也表达了热烈浓郁的美好祝福，使得中国结整体的象征性、符号性极强，甚至已经成为推广中国文化的"名片"。

（四）书画类

"书画不分家""书画同源"把书法和绘画结合起来，借助笔墨纸砚的配合进行创作，传播中华艺术和审美意趣的方式已经遍布世界各地的孔子学院。与此同时，篆刻在近些年也成了较受欢迎的才艺体验主题。

在孔子学院，中文学习者初学汉字，同时也会领略汉字的书写艺术——书法。学习汉字和体验书法在教学中往往会同步进行，使得书法中的汉字变成具有美感的符号。书法是中华优秀传统文化精神的载体，具有独特的艺术魅力和文化内涵。通过孔子学院专业教师运用书法教学的手段，可以有效引导外国学生更好地学习中国汉字，同时也成为中外学生交流的桥梁。在教授外国学生书法时，应注重将汉字教学与书法教学紧密结合，将汉字的特点融入书法课的内容中，有针对性地选择汉字进行系统讲解，以便有效且有序地引导学生进行书法练习。书法是中国传统文化艺术发展史上最具特色的民族符号之一，在世界范围内长期受到推崇。

中国画具有悠久的历史和中国文化特色，国外的中文学习者研习中国书法的同时，也会尝试用毛笔蘸水、墨、彩在宣纸或绢上作画，体验和"西洋画"风格迥异的艺术创作过程。这种研习过程也是借助绘画体会中国人的空间感知、视觉传达方式的过程，对于中文学习者把握中国人文思想很有帮助。当然，考虑到绘画的难度，画脸谱、画风筝等简易的创作形式似乎更适合外国学习者。风筝的着色鲜艳亮丽，特别能体现中国的审美风格，一直受到世界人民的喜爱。画风筝不仅可以融入中国画的技法，而且还能让学生了解风筝的绘画特点、文化含义，同时制作风筝还能锻炼学生的手工制作能力，是一项一举多得的才艺内容。

篆刻艺术是汉字特有的艺术形式，迄今已有 3700 多年的历史，其本身也是一门与书法密切结合的艺术。它把书法（主要是篆书）和镌刻（包括凿、铸）结合起来制作印章，成品也可以用于书画题记、落款各处。在孔子学院的中华才艺课程中，已经有教师尝试把篆刻和书法结合起来作为系列课程呈现。泰国农业大学孔子学院常年开设书法篆刻班，书法篆刻班的教师采取了前半学期教学生篆书的写法，后半学期教授篆刻的授课模式，让学生不仅可以体会到书法的魅力，还能亲手体验将篆书刻在石头上，形成独创艺术作品的成就感。因此，长期以来，该院的篆刻课程都十分受当地学生的欢迎，每年还会吸引很多社会人士专程到孔子学院学习。

三、孔子学院文化讲座课程及其他传播内容

中文教学、才艺课程、专题讲座这三类内容要素在孔子学院对中国文化的海外传播中已经形成金字塔模式，即以中文教学作为必备的坚实基础，才艺课程发挥辅助和补充作用，专题讲座带领受众深入中国文化的学科系统和理论前沿。

自各孔子学院开办以来，专题讲座便成为一项常规内容，为当地学习者提供了丰富的文化资源和信息。所以，经过十几年的发展，专题讲座在世界各地孔子学院中都得到了重视和发展，目前来看，类型更加多样、角度更加多元。如果以课程设置来划分，有服务于社会大众的普及式宣讲的，有服务于大学课程体系计入学分的；如果以讲授主体来划分，有利用当地师资或孔子学院现有教师开办的，有专门聘请来自国内的专家学者前去开设的；如果以语言媒介来划分，有用当地语言或英语开设的，也有教学语言采用中文的；如果以传播媒介来划分，常见的是主讲者的现场报告，较新的还有借助视频网络、自媒体平台开设的远程讲座。

按照文化讲座内容的专业导向程度和受众覆盖范围，我们梳理了近年来世界范围内，特别是"一带一路"共建国家孔子学院开办的专题学术讲座、论坛与研讨会、名人演讲及热点话题讨论的概况，希望从这几类文化推广活动中发现超越课堂层面的传播形式呈现出哪些特点，发挥着怎样的作用。

（一）专题学术讲座

孔子学院的专题学术讲座通常会借助其所在大学里与中国研究相关的院系或

机构共同主办，邀请的主讲者多为人文科学、社会科学的知名专家、学者，讲座的主题围绕所要探讨领域内的某一具体问题进行。这类讲座对领域内的人来说是在海外能够享受的一场难得的学术盛宴。例如，2017年4月，欧洲法兰克福孔子学院邀请《西游记》德文版译者林小发（Eva Lüdi Kong）举办题为"《西游记》——儿童读物还是宗教经典？"专题讲座暨朗诵会，吸引了当地60余位中国文学爱好者参加。讲座中，林小发介绍了《西游记》的故事梗概和人物原型，并列举了大量文献资料加以佐证。他还讲述了自己经过十年翻译和七年的等待终于成就了《西游记》首个德语全译本。林小发对中国文学的热爱与专业精神感动了现场观众，这对中国古典文学在德国的传播也是一次促动。稍早时候，瑞士日内瓦大学孔子学院还举办了一场关于中国天主教开拓者利玛窦的公开学术讲座，演讲人为巴黎利玛窦研究院院长赫米纳尔，他同时也是研究中国17—18世纪耶稣传教士的专家。赫米纳尔详细介绍和分析了利玛窦在中国出版的数本著作的内容，如《交友论》《天学实义》《辩学遗牍》等，把中国在世界文化交流史上的影响映射到了当代。

对于海外高校的中文专业相关学生、汉学研究人员和学者而言，参加这种讲座可以满足他们系统学习中国文化知识的渴望，体验中外学术思路的碰撞，接触来自政治、哲学、文学、历史、经济、艺术的最新学术研究成果。特别是孔子学院提供的专题讲座成为各个大学汉学系、东方语系等专业的学分课程，在一个学期之中连续系统地开设，并进入规范的本科或研究生课程设置，这对于培养知华友华的精英人士和未来的"意见领袖"更能显示出重要的意义。

（二）论坛与研讨会

为满足更多领域和更大群体了解中国的愿望，各国孔子学院会根据当地学习者的需要和自身的特色优势举办各种各样的论坛或者研讨会。这类论坛实际上也可以说是由若干专题讲座和报告组成的，通常围绕某一个具有中国焦点的主题进行探讨，设有主会场和分会场的各项议题，内容覆盖广泛，需求吻合度高。受众可以灵活选择，也有机会与主讲者面对面单独交流，这类活动通常有集中而长效的影响。2016年，罗马尼亚的布加勒斯特大学孔子学院开展了一系列以中国文学与传统文化为主题的活动，先后举办了"重塑传统"国际学术会议、"中国主宾国之中罗翻译出版恳谈会"和"中罗作家交流座谈会"。这一系列的论坛与研讨具有极为重要的学术价值和现实意义,是孔子学院竖立品牌效应,扩展辐射角度,为中国与中东欧学者架起思想桥梁的实例。

(三)名人演讲与热点话题讨论

名人演讲与热点话题讨论不局限于专业领域的交流,而着意将中国社会的新闻人物、社会热点迅速介绍到国外,使得来到孔子学院的受众群体能够把握当代中国的脉搏与律动。这一类超出课堂、面向大众的内容接受度更高,文化传播的效果广泛而强烈。几年来,各地孔子学院聘请的主讲者包括国内知名作家、企业家、教育家、文艺明星。由于名人演讲一般对受众的限制较少,吸引力强,讲座主题也相对大众化,亲和力较高,因此容易被更多当地人接受,也常会在孔子学院所在地掀起"明星效应"。2017年,孔子学院总部组织策划了"刘震云文学电影欧洲行"活动,把知名作家作为当代中国的一张名片推向了荷兰、捷克、奥地利、意大利、法国和德国,这是孔子学院总部开创的文化项目新模式,也是莱顿、维也纳、米兰、巴黎七大孔子学院与当地文化机构的深度合作。

针对中国社会的热点问题,孔子学院有时会邀请中外专家对该问题进行解读和探讨,推动更多受众群体思考和讨论问题的走向。这种热点讨论式的讲座也很受人欢迎,除了孔子学院的中文学习者外,不少对中国现在和未来热切关心的社会人士也会关注和参与其中。目前,"一带一路"的建设可以说是中国和共建国家之间最大的热点、焦点问题之一,各地孔子学院对此都有持续关注,同时也利用其文化资源与人才资源开展研讨。仅在2017年6月初,欧洲就有多个由孔子学院总部主办、当地孔子学院承办的"一带一路"相关会议开幕。此后,中国社会科学院马克思主义研究院与塞尔维亚诺维萨德大学孔子学院及中塞文化交流协会合作,共同主办首届"一带一路"中国与塞尔维亚合作展望国际论坛。此类热点话题追踪的讲座与论坛对于维持中外信息同步和文化资源共享一直发挥着很强的现实意义。

在中文课堂之外,孔子学院的专题学术讲座、论坛与研讨会、名人演讲及热点话题讨论汇聚了更为多元化的传播主体,有利于实现资源的优势互补,丰富了文化传播的内容和渠道,从而进一步提高中文和中国文化推广的影响力。除了作为工作主体部分的语言教学和文化课程外,孔子学院的文化推广还借助了其他多种方式,如定期或非定期的艺术团体的演出、专题展览、中文比赛、企业的商务合作,以及与当地的大使馆、文化协会、政府机构等合作举办的各类文化活动等,还有各个主题的电影节、放映会、中国周、文化嘉年华……涉及的领域包括新闻出版、音乐艺术、文学、影视创作等,受众覆盖面和文化影响力呈递增之势。在未来,利用孔子学院的"人气"和强大的聚合能力,这里会成为"国之交在于民相亲,民相亲在于心相通"的平台,持续有效地为中国文化的全球传播服务。

第四节　海外中文教育中的语言教学与中华文化传承

一、海外中文教育概念界定

海外中文教育关注海外华侨华人，尤其是学龄期学生，目标为传承中华文化，增强民族认同感，为其提供情感和文化的归属地。教学内容涉及汉语言文字文化和各学科，教学对象包括中国籍海外侨民，外籍华人、华裔及非华裔外国人。海外中文教育作为所在国教育体系的一部分，使教学对象接受中华语言文化教育。

二、海外中文教育的语言教学理论逐渐体系化

海外中文教育历经 300 年发展，早期主要是华侨为子女学习中文，让子女记住自己是中国人，不论贫富都不能忘本。中文教育的目的是传承中华文化，使其在海外发展。整个教育体制、模式和方式都与中国一致。

在全球政治格局以及中国内部政策调整的影响下，华侨的身份发生了显著改变。他们已经从拥有中国国籍转变为外国国籍，并成了被称为"外籍华人"的群体。相应地，中文教育也经历了从以华侨为对象的中文教育到以华人为主体的中文教育的转变，教育目标从之前的培养子女对中国的归属感转变为与当地社会的紧密联系，实现其在海外的"落地生根"。

中文教育的功能已经越来越广泛，它不仅通过汉语学习传承和弘扬中华文化，还承担着传播和推广汉语言文化的任务。同时，它还需要培养各种类型的学习者，包括非华裔人士，使他们能够掌握汉语。然而，无论中文教育的功能如何扩展，其主体仍然是华侨华人及其子女，这是他们的民族教育。因此，民族性应该是海外中文教育的基本属性。

尽管在世界各国中，有许多国家已经将汉语作为其第二或者第三语言，但在汉语和中华文化的教学过程中，仍需遵循中国汉语教学与文化教学的特殊规律，而非以英语或法语等他国语言为基础进行华语教学。中文教育者应致力于转换思考方式，以适应中文教学的灵活变动。对于独立的中文学校（例如，马来西亚的

学校），或享有特殊待遇的中文学校（例如，新加坡的学校），确保中文在教育系统中占据"第一语文"的位置是至关重要的。同时，其他学科的学习应以中文作为主要教学媒介。在此基础上，必须具备文化包容的精神，让学习者能够学习和理解当地的语言，以培养具备融入当地社会并拥有深厚中华文化底蕴的多元复合型人才。

　　基于深厚而权威的中文教学理论，中文教学内容必须以精选的中文教材和实用的辅助资料作为承载文化精髓的核心载体，积极采用更多遵循语言教学规律、富有创新精神的方法和手段来实现汉语言与中华文化教学的灵活性，从而有效提升汉语言素养及对中华文化的理解和热爱。因此，研究理论依据主要是多元的语言理论、精深的文化理论以及先进的教学理论。

　　中文教育的演进过程具有深远影响，故其历史也应被纳入我们的研究范围。从语言层面剖析，汉语可视为建筑的骨架，语音、词汇、语法、修辞、文字、文章、文学等都是构建华美建筑的装饰与设计。中文教师需具备丰富的专业知识，除此，对语境、语义、语用学、语文学等也应有所了解。以文化角度观之，中文教师需精通中国国学、教材文化、民间风俗与现代文化。在多元文化环境下，不论是地方文化，还是其他民族文化，只要与中国文化有关，都应予以充分了解。如此学习，可有助于教师理解中文教育如何维护并保持其独特的文化完整性。

　　简而言之，尽管我们对中文作为母语的教学理论和教学技能的研究已足够深入，但仍存在极大的提升空间。现如今，中文在许多国家已逐渐成为第二语言。因此，我们需要深入学习第二语言习得的理论，以便更好地理解学生在学习过程中可能出现的各种复杂情况，从而提高教学的针对性和有效性。回顾中文教育的历程，中文教师必须充分了解自己的学科，以避免在教学过程中误入歧途。通过对历史的学习和研究，可以增强民族自豪感并坚定对未来中文教育的信心。海外华文教育学科的多样化教育功能是必须予以关注的重点。第一，文化传承功能，在于借助中文教育的方式，使华裔在融入所在地的文化过程中，同时拥有中华优秀传统文化素养，以更好地融入当地生活。第二，经济实用功能，在完成语言文化教育任务后，可以开始涉及诸如图书、出版、印刷，乃至组织赴华旅游、文化交流、经济贸易等活动，充分发挥中文教育的内驱力。第三，中外文化交流功能，积极地组织各种文化活动，使全球民众能更好地了解中国文化，使更多的非华裔青少年通过学习汉语增加对中华文化的认同。

三、海外中文教育是中华优秀传统文化传承与传播的重要途径

（一）华人社团、中文传媒（报刊）全力支持中文学校开展中文教育

在海外华人的文化传承过程中，华语学校、华人团体、中文传媒（如报纸）是三大关键要素。它们之间的联系紧密，形成了稳定的三角形结构，共同支撑着华人社会的精神家园。在文化传承方面，华语学校的角色举足轻重，充满活力，影响范围广泛。华人团体作为华语教育的坚强后盾和庇护者，被誉为"中文教育的保姆"。华语教育工作者在海外维护中华文化的努力，至今仍令许多文化学者感动。前国务院侨务办公室领导曾在世界华人社团大会上，高度赞扬华人团体对华语教育的巨大贡献，称他们为"中文教育的发动机"。中文传媒不仅在舆论宣传上支持华语教育的发展，维护华语学校师生的合法权益，还为华语学校设立教育专栏，倡导学习华语的风气，为读者、作者提供学习、交流的平台。

（二）中文学校是中文教育的主要场所，是传承中华文化的载体

将语言教育与中华文化教育融为一体，一直是海外中文教育的卓越特色。首先，学校本质上就是文化的一部分，是传播和传承文化的重要平台。其次，学校有能力按照初、中、高等学生的年龄特性，进行系统的中华文化教育。最后，中文学校还承担着中华文化研究与创新的任务，负责探讨如何推广中华文化以及如何让中华文化与当地文化进行交流、融合并创新，这是它们的重大历史使命。全球的中文教育都注重让学生在思想道德层面深入理解东方文化，以儒家教育为核心进行教学。教学内容主要围绕传递中华优秀传统文化，让学生接触中国的伦理道德课程，以此将中华优秀传统文化和儒家思想传承给青少年。根据一些统计，目前全球有超过5000所中文学校，教学形式丰富多样。在这些中文学校中，有许多不同的类型：有坚持办学多年的老侨校、以补习班形式存在的学校、近年来由新移民开设的周末中文学校，以及已经被各国政府接纳并并入本国教育体系的中文学校。还有一些在国民教育体系中的学校也开设了中文课程。例如，美国有60多所高中设有正式的中文课程；在韩国的近300所大学中，许多大学都有中文

课程；泰国的高校也纷纷开设中文系；在日本中学的历史、地理以及中国语言等课程中，中国文化内容占有一定比例，并采用普通话教学。

（三）不断提高中文教育的文化教育水平

1. 运用多种教学形式开展中文教育

文化教学主要体现为三种形式。首先，课堂教学是核心部分，包含诸如开设历史文化课程、中国概况课程和旅游地理课程等内容。其次，校园文化活动为文化教学的重要组成部分，涵盖了学生的摄影展、作文展、演讲比赛、中秋节和圣诞节的文艺表演等活动。最后，社会实践活动，特别是针对中文长期班的游教活动，同样是文化教学的重要方式。

2. 提高班级授课的质量

基于华人子女在语文学习中的特点和规律，中文教育工作者应采取适当的教学手段进行针对性的调整。中文教育工作者应充分利用儿童微小的可塑性，对拼音、识字、朗读、书写等方面进行系统的强化训练。

一个重要的部分是标准化的教学资源和教师的专业培训。中文教育工作者需要研发一套符合海外学生需求的汉语教材，对于不同地区的方言区，应当编写相应的教材。

在具备条件的情况下，海外中文教师应接受教材和教学方法的培训。提高中文教育质量和效果的关键在于课堂，而教师是课堂的关键，他们拥有最大的发言权。还应充分发挥海外中文教师的优势，总结并实施一套有效的教学方法，比如，"方言—普通话"的转变、双语互补、分析异同、再过渡到普通话教学以及普通话课堂交际等。此外，也可以通过校本培训来提高本校教师的教学质量。

四、推动和发展海外中文教育的措施

（一）推动文化走向世界，扭转中文教育软实力逆差

1. 中华文化走向世界战略要有顶层设计

唯有全面且客观地呈现我国的社会制度和价值观，例如，在东南亚以中华文化塑造正面形象，在非洲、拉丁美洲等国家传播我国的成功经验，增强对中华文

化的理解,在发达国家则应关注适应当地文化,以增进相互理解和寻求共识,传达"中国好声音",这样才能营造良好的国际氛围。

2. 要加强文化交流、整合

文化交流与整合的议题主要涵盖以下关键部分:提升文化节与民间艺术团体等关键文化品牌的知名度,开办国际汉字大会等活动;帮助文化企业提升竞争力,并鼓励它们跨越国界;推动音像出版物的出口。通过实施"文创 IP 战略",我们将通过知识产权的保护和品牌的塑造,来打造出全球瞩目的中国文化符号,逐步缩短文化逆差。

3. 要有可靠的载体

《社会主义学院工作条例》(以下简称《条例》)清晰揭示了中华文化学院的主要职责,包括积极推进中华文化的国际传播,并在凝聚全球共同价值和构建人类命运共同体的过程中发挥积极作用。在弘扬爱国主义精神和传承中华优秀传统文化的前提下,中华文化学院积极推行"一带一路"倡议的工作,以吸引全球人心、汇聚全球力量。在此基础上,引导港澳台同胞和海外侨胞为实现中华民族伟大复兴贡献智慧和力量。这对于当前执行《条例》、推动中华文化学院工作创新发展具有关键性的指导价值。

(二)以供给侧结构性改革促进中文教育可持续发展

1. 增强品牌和精品意识

在科技与文化的协同驱动之下,创新性地构建中国文化元素的精品,产制出具有跨越国界、触动心灵、增进共识等特性的自主知识产权文化产品。同时,需要结合体育、时尚和旅游等流行元素,在产业链的层次上推动文化产品的建构。电影《功夫熊猫》自 2008 年发布以来,受到了全球观众的广泛喜爱,成功地与麦当劳、迪士尼等知名品牌进行了深度合作,对全球青年一代产生了深远影响。

以市场化的高标准和严要求为目标,在追求盈利的同时,有助于提升产品自身的"吸引力",在全球文化市场的大格局中,准确定位自身产品的"位置",为形成持续性发展的文化交流提供了有效的助力。

2. 发挥好企业的有效供给作用

要提升文化影响力,必须以市场力量为基础。环球、时代华纳、迪士尼、好莱坞、百老汇等跨国企业集团和集群的模式，均已实现全产业链覆盖。中国的文化企业正在逐步掌握这些规律，逐渐在国际舞台上崭露头角。中国女排的连续夺冠以及运动员在国际赛场上的表现，产生了广泛的影响，这些形象的传播需要企业的主导力量。为推动文化的国际传播，需要消除版权瓶颈，创新版权授权机制，降低版权交易成本。此外，还需搭建公共服务平台，建立"对外输出作品版权资源库"，定期评审优秀作品，并通过专项扶持资金购买相关作品的境外版权。尤其是对于那些有助于"弘扬中华优秀文化、传播中国故事"的版权输出项目，更应给予充分支持。

3. 重视历史教育

历史已被视为一门关键学科，对培养青少年的国家观念、民族观念及对家国的深厚情感有重要影响，同时也能训练学生的分析、思考、辨识和论述等综合思维技巧。

第七章　跨文化视角下中国境内国际中文教育课堂教学实践研究

本书第七章为跨文化视角下中国境内国际中文教育课堂教学实践研究，主要介绍了两个方面的内容，分别是中国境内国际中文教育课堂教学优化策略、中国境内中文教育基地语言教学与中华文化传承。

第一节　中国境内国际中文教育课堂教学优化策略

对于学习第二种语言的人而言，第二种语言的情境具有显著的价值。该情境有助于强化语言学习的乐趣和参与度，从而在学习上实现事半功倍的效果。对第二语言有沉浸式体验的学习者来讲，沉浸式学习能够提升跨文化沟通的能力，降低文化冲突，实现使用语言时的得体和恰当。为了使来华留学生能更好地掌握中文，以及提升自身关于中文的熟练度，留学生管理教师应积极运用各种手段，为留学生提供更多沉浸式学习中文的机会，以便他们更好地理解并热爱中文与中国。

一、营造沉浸式中文教育氛围

打造全中文的教育管理环境，需增强教师在交流中运用中文的意识，利用标准普通话和规范汉字，降低自身在日常教育管理中使用外语的频率。同时，鼓励并引导留学生运用中文沟通。在学生入学初期，学校应提供系统的中文培训。教育管理部门可与各方合作，编制易于理解的校园规章制度和生活服务指南。此外，应在留学生教室和公寓中融入更多中国文化元素，帮助他们迅速融入中国校园生活。

在全中文的教育管理环境中，学生获得了更多接触中文的机会，这不仅能够提升教育管理的能力，还有助于减轻教育管理的负担。为了便于与留学生交流，许多学校选择让教育管理人员采用英语或其他语言（如学生的母语）进行交流。

二、完善中文教育管理制度体系

为了实现完善的中文教育制度和管理体系，我们应建立健全对来华留学生的教育管理制度，以确保对留学生的全面了解。在教学管理与日常生活管理的融合过程中，我们应将学生的基本信息和学习情况纳入管理，同时，我们还应定期评估任课教师和教育管理人员对留学生表现的评价，以便全面掌握学生的性格特点、心理变化、生活和学习状况，从而提升教育管理和服务的针对性。

以制度管理与情感培养、人文关怀并重，在学校各个不同的时段和层级，对留学生进行制度和政策的宣讲，向他们详细阐明法律法规、校规校纪以及留学生评价标准等要素。严格执行相关规定，确保留学生理解并遵守规则，以及对管理的配合。对于违反留学生教育管理规定的学生，我们会依规进行处理，引导他们养成良好的行为习惯，以持续提升留学生的培养质量。为了降低师生及学生之间的疏离感，我们会适时组织迎新会、联欢会等活动。在日常的教育管理过程中，教师需要以提升留学生培养质量为目标，提升留学生对教育管理工作和学校文化的认同感，增强留学生的归属感，以潜移默化的方式让学生热爱学校、热爱中国，最终培养出对中国友好的高水平国际人才。

三、搭建中文交流平台

（一）推进中文沉浸式社团建设

学校提供给留学生可以活动的场所，并给予了他们资金，使他们有机会自行组织社团活动。这些活动需严格遵守法律法规，同时，必须遵循学校的相关规定。留学生也应积极参加学校举办的各类活动，以拓宽他们的社交领域。通过这一方式，将能够创造更多的使用中文交流的机会，促使留学生更愿意使用中文进行沟通，而非仅使用他们的母语。

（二）组织中文沉浸式实践活动

为了让全球来华留学生更为深入、全面地了解中国，并增进其对中华文化的亲近感，各高校可提升社会实践活动的拓展力度与频率。秉承尊重多元文化的精神，应积极推广中国文化。校方在尊重多元文化、公平对话的基础上融入中华文化，以增强全球留学生对中华文化的接纳程度。例如，举行国际文化节等多元文化交流活动，让全球留学生展示各国民族文化，拓宽中国学生认识世界的视野，同时推进全球留学生与中国学生、中国公民之间的交流；提升中外学生交流活动的办展水平，完善前期宣传及后期跟进服务，以吸引更多的全球留学生和中国学生加入；鼓励学生参与志愿者活动，在服务中提升自我；组织全球留学生到当地民众家中体验生活，让全球留学生在与中国民众的交流中了解中国人的日常生活；每逢中华传统节日，组织全球来华留学生参与当地的民俗活动，感受节日氛围；参观历史文化遗产、新农村建设示范区，了解中国的过去、现在与未来等。

（三）借助互联网提高留学生中文社交能力

在 5G 和信息技术持续发展的时代背景下，交流方式已经摆脱了地域和时空的制约，逐渐呈现出碎片化、跨越时空和扁平化的发展趋势。不再局限于定点定时的面对面交流，师生能够随时随地通过社交平台进行实时通信。教师与学生之间的关系也趋向于亦师亦友的模式。因此，教育管理教师有必要主动提升线上教育管理能力，充分利用互联网资源，探索"互联网＋管理"的新型模式。

需要对软件和平台的使用频率、使用意愿、功能和效果等方面进行深入调研，以拓宽沟通交流的途径和方式。同时，可以利用线上教学工具和社交工具来构建多维度的社交环境，例如，开展微社交和主题社交等。这样，可以增加真实而多样的师生互动和生生互动，推动课堂与社会的互动，实现交际化，从而降低线上学习的难度，增强线上学习的效果。

四、助力中文沉浸式课堂发展

为了提高来华留学生的中文跨文化交际能力，需要将中文沉浸式教育管理与教学活动紧密结合，形成一种协同作用。为了消除教育管理和教学之间的障碍，学校需要全面规划和协调全校范围内的留学教育管理工作。教师要在课堂中融入汉语文化元素，通过多种教学方式激发学生学习兴趣，并利用丰富多样的活动营造良好的课堂教学氛围，从而实现对学生跨文化交流技能的有效培训和培育。为了提高学校中文沉浸式课程的质量和水平，留学教育管理教师应主动加强与其他相关部门的联系与合作，积极构建跨文化意识和跨学科思维能力的桥梁，以便学生更容易开启专业学习。

在中文沉浸式教育管理与服务的过程中，教育管理教师除了协助来华留学生掌握地道的中文表达以外，还应积极引导他们主动运用中文进行交流。中文沉浸式教育管理的积极影响在于防止学生产生习得性无助感，确保他们能够充分发挥自己的潜力。近年来，人们对语言输出的重视程度不断提高，一种新的学习方法应运而生，即"产出导向法"，其主要思想是通过产出来推动学习，以产出为目标进行有选择性的学习。为了使学生能更好地学习中文和了解中国文化，来华留学教育管理教师应该积极学习与国际中文教育相关的知识，提高自己的语言意识，并不断提升自己从事中文沉浸式教育管理工作的能力和水平。同时，教师还应该以身作则，为学生规范语言表达，并向其普及中国文化。

第二节　中国境内中文教育基地语言教学与中华文化传承

一、中文教育基地语言教学

（一）教学内容

1. 汉语言文字的教学

汉语言文字作为中华文化的重要载体，是中华民族与世界其他民族之间信息交流的重要工具。此外，与其他国家的语言相比，汉语本身具有极大的优势。汉字作为古老的表意文字，其独特而又丰富的语言魅力一直为国人所喜爱。汉语之所以备受推崇，是因为它将形、音、义三个方面完美地融合在一起，通过听、说、读的过程，我们可以轻松地获取其字义。中华文化的独特之处在于其对汉语的运用方式，若不具备对汉语文字的理解，却选择学习中华文化，那将很难了解中华文化的内涵。汉语文字的学习是华人了解中国传统文化的基石，掌握听、说、读、写、译等汉语基本技能则是他们作为华人必不可少的能力。同时也能使他们更好地与人交流。因为汉语言文字教育在中文教育中扮演着至关重要的角色，所以其地位不可撼动。

对于第三代华裔青少年而言，他们所面对的文化选择是多种多样的。由于受西方文化和传统价值观的影响，这些青少年在语言、生活方式以及价值观念上都存在许多差异。在海外华人社团中，华裔青少年是未来的中流砥柱，他们的政治倾向和情感直接塑造了海外华社的未来，因此，对他们进行中文教育具有至关重要的意义。

中文教育基地致力于为华裔青少年提供汉语言文字的教育，涵盖语音、汉字、书法、口语等多个方面，以满足他们的学习需求。

2. 传统文化的教学

在海外华裔学生的中文教学中，必须注重传承中华民族卓越的传统文化，让他们深刻感受到中华民族博大精深的传统文化，从而真正产生对中华民族文化的兴趣和认同。中文教育的使命在于借助中华民族卓越的传统文化魅力唤起华裔后代内心深处的民族情感。

一国之文化乃其生命之源，亦为其灵魂所在。尽管身处异国他乡的华人和他们的后代拥有不同的国籍，但他们都是中华民族的后代，而中华文化正是海外华人文化的根基所在。通过传承中华民族卓越的传统文化，我们可以激发华裔后代对自身民族身份的认同感。华裔学生通过接受传统文化的教学，可以深刻领悟中华民族文化所蕴含的自强不息、忧国忧民、厚德载物等卓越精神，从而在教育过程中潜移默化地熏陶学生，逐步塑造其独立健康的人格，使其对中华文化有正确的认知并对中华民族有正确的理解。

为了帮助那些已经具备一定汉语言能力的学生更好地理解中国文化的博大精深，我国的中文教育基地特别开设了一门中国文化概论课程。课程涵盖东坡文化、荆楚文化、茶文化、黄梅戏等，以使学生深入领略这些文化的底蕴；为了让学生更好地传承和弘扬中国传统文化，中文教育学校可提供、开设剪纸等专业课程。

（二）教学方式

1.寓教于动手

通过将教学与实践有机结合，使教学与实践无缝衔接，这种教学模式使学生在学习过程中不仅学到了知识，还锻炼了能力。例如，在实际教学中，教师在向学生介绍东坡美食时，可邀请他们前往烹饪实训基地，随后鼓励学生动手实践，亲手烹制出一道美味佳肴。又如，在讲解国画技法时，教师让大家画一幅自己的作品，并鼓励学生多观察，勤练习。

2.寓教于游览

实地游览是一种有效的中文教育教学方式，可以激发华裔学生对汉语学习的浓厚兴趣。在游览的过程中，华裔学生不仅能够欣赏到祖国的壮丽山河，也能够深入了解历史和社会，这与课堂教学相辅相成。因此，教师要充分利用课堂时间让学生进行实地游览。通过实地游览，学生可以身临其境地感受中华文化的真实面貌，深入了解中文和中华文化的历史和现在，从而在广度和深度上拓展知识层次，更有效地提升中文素养。在讲解东坡文化之后，教师可组织学生前往东坡赤壁、遗爱湖公园、苏东坡纪念馆等地进行实地游览，这一系列活动不仅能让学生更加深入地了解苏东坡及其文化，也能为课堂教学提供有益的补充。

3. 寓教于体验

在海外中文教师培训班的授课过程中，中文教育基地的教师精心设计了大量的文化体验课程，以提升学生的文化素养和知识水平。海外中文教师可以通过亲身体验，深刻领略中国传统文化的精髓所在。举例来说，教师可以为学生提供茶文化、黄梅戏和东坡美食等多种体验方式。

二、中文教育基地与中华文化传承

（一）中文教育基地传承与弘扬中华优秀传统文化是客观的

中华文化蕴含着哲学、历史、伦理、文学、民俗、军事等多方面的智慧，这些智慧在精神层面上广泛传播于世界各地；在物质的层面上，它以陶瓷、美食、服饰、壁画、丝绸、建筑等多种形式深深地渗透在人们的日常生活中。在五千年的传承中，中华文化沉淀了仁爱、正义、礼仪、智慧、诚信、以礼待人的性格和精神特质，塑造了以和为贵等人文精神。

中华文明源远流长，有着深厚的底蕴。每个族群都承载着独特的文化传统，这些传统构成了他们的精神凝聚力和价值取向，而这些传统又与其所处的历史背景密不可分。中国卓越的传统文化和其所蕴含的民族精神，源远流长、博大精深，深深扎根于中华民族的生命体系之中，已成为中华民族凝聚力的灵魂和源泉，是推动我们民族不断向前发展的精神引擎。俄国马克思主义政党的创始人普列汉诺夫总结道：每个民族的文化都是由其内在的精神实质所塑造而成的。在长江流域和黄河流域的滋养下，中华民族孕育了卓越的中华文明，孕育了一种传统文化。中华文化是中国人精神上的支柱和家园，不管他们走多远。华人的身份认同在同源性的作用下得到了确认，同时也成了其他民族识别中华民族的象征。海外华人的独特文化身份得以维系，源于他们在内外两个方面的文化心理认同。

中华文化所蕴含的教育价值不可忽视。中华文化作为华文教育的重要组成部分，承载着文化的精髓，而语言则是文化的重要载体，承载着文化的深厚底蕴。语言作为文化的一部分，其功能主要在于交流和沟通，而不是传播。每一种民族的语言都承载着其独特的历史和文化，反映着其社会生活、价值观、道德传统、宗教信仰、思维方式等多个方面。因此，民族语言是一种具有文化内涵的语言。语言中蕴含着丰富的文化内涵，在教学中应注意引导学生对汉语文化进行了解并掌握其特点，从而增强学生运用语言进行交际的能力。学习语言的过程是一个涉及文化传承的复杂过程。文化语言的习得需要通过对文化的深入理解和领悟，而学习的过程则是对文化认同和建构的不断探索。语音中蕴含着深厚的文化底蕴，词汇中蕴含着深刻的文化内涵，而语句中则蕴含着丰富的文化传统。中华文化的独特之处在于其刚健有为、崇尚道义等特质，这些特质不仅是中文教育中不竭的智慧宝库，还是人才智商结构和情商结构的重要组成部分。

（二）中文教育基地具有传承与弘扬中华优秀传统文化的功能

教育在促进文化融合中发挥着催化作用。教育是人类社会文化传承的主要途径，特别是通过语言文字的教育来传承文化，语言文字是文化传承的基础。文化功能是现代教育的根本功能，是教育经济功能、政治功能以及整体功能实现的基石。通过全面提高人们的文化科学素质，教育可以激发人作为生产力中的活跃因素，从而推动经济的繁荣。教育塑造了人们对特定政治意识形态的认同，从而确保了社会的稳定。教育对于个人的全面成长起到了积极的推动作用。教育是将文化传承和保留下来的工具，使得文化遗产能够代代相传。教育的重要作用在于推动了文化的传承、互通和融合，通过吸纳多样的民族文化，丰富了我们自身的文化底蕴。教育是塑造和更新文化的重要方式，在整理和改造文化方面起着关键的辅助作用。

文化的交融是一种相互吸纳、相互融合的过程，从而孕育出全新的文化形态。教育在促进文化交融的进程中扮演着催化剂的角色。第一，教育不仅通过传授知识、训练技能来传播文化，而且还通过培养人的道德意识和精神品格等方式影响文化融合。第二，教育在实现文化融合的过程中，通过不断丰富和发展构成该文化系统的文化要素，同时对旧系统结构进行变革和解构，以及重建新的文化架构，实现了一种综合性的创造。教育以培养人和塑造人为目标，通过知识传播和能力训练等方式来推动文化融合进程。第三，教育的道德教化功能为促进文化交融提供了有益的心理基础。为了充分发挥教育在文化融合方面的作用，必须确保教育具备前沿性、开放性和前瞻性。

三、全球新形势下中文教育基地的纾困策略

中国互联网技术发展繁荣，可以利用大数据平台技术向海外华侨子弟提供中文教育课程。此外，还可以在线与海外中文教育同行互动交流。

（一）建立华文教育资源平台

1. 建立微课程资源平台

本书所讨论的"微课程"，实质上指的是"微型网络课程"，是由一系列紧密关联特定主题的、具有连续性和层次性特点的微课所组成。中文教育的领域主要集中在语言与文化两个方面：语言教育的主要任务是对现代汉语普通话进行教学；文化领域的范围则十分宽广，包括中华优秀传统文化、民族文化、地方文化等。为了确保学习成果的丰硕性，微课程在内容选择、教学设计等方面都应兼顾知识性和趣味性的平衡。此外，平台的课程播放技术也应融入趣味性的互动元素，以满足学生良好的学习体验。

在中文教育基地的构建阶段，我们除了开展汉语微课与中华优秀传统文化微课的研发工作以外，也应积极挖掘我国的民族文化资源，如民族手工艺、民族舞蹈、地方自然景观、人文景致等，并将其融入微课程体系。借由组织专业教师录制微课并上传至在线平台，这样不仅能帮助海外华裔子女在学习汉语与中华文化的过程中，获得全面且丰富的知识，同时也能在特定领域深化他们对中华文化的理解与认识。此举将有益于提升中文教育的品质与影响力，从而为海外华裔子女提供更多、更深入的中华文化学习体验。

2. 建立中华文化图文资源平台

中华民族的文化博大精深，内容涵盖广泛。直接将所有中华文化内容以微课程的形式呈现是困难的，但将大量未纳入微课程的内容以图文形式集中展示是可行的。中文教育基地可以组建由不同专业领域的专家组成的资源开发团队，广泛搜集资料、细心甄别、精心编排，为海外华人后代提供准确且具有价值的中华文化图文资料。

从宏观视角审视，中华国学传统文化类资源可通过特定平台进行发布。以下是具体内容：

(1) 中国古典文学资源

中国古典文学资源包括诸如《诗经》《楚辞》《春秋》《战国》等一系列先秦时期的文学经典作品。这些作品深受海外华侨喜爱，在平台上发布后，能够满足他们随时在线阅读的需求。

(2) 中国历史资源

平台上展示了中华五千年的历史进程，按朝代顺序排列，内容涵盖代表人物、代表器物、文化事件和历史事件等。这样可以帮助海外华侨子女系统地了解祖国历史。

(3) 中国传统蒙学资源

例如，《三字经》《千字文》等，其在启蒙教育中的作用是显著的。将这些资源上传到平台，可以方便海外华侨家庭在教育过程中引入中华文化元素。

(4) 中国传统节日介绍

中国传统节日是我国民族文化的核心元素，每一个节日都承载着丰富的内涵。通过建立一个专业的平台，集中展示与这些节日相关的内容，能够帮助海外华侨子女更深入地理解中国的传统节日，从而更好地探索中华文化的精髓。

(5) 中国诗词歌赋资源在诗词方面，精选了唐诗宋词等经典作品，并配备了专业的解析，使得海外华侨子女能够轻松地阅读和理解这些诗词。

(6) 中华书法资源

作为汉字文化圈内特有的艺术形式，书法被视为中华文化的瑰宝。在平台上系统地展示有关书法的相关内容，有助于海外华侨子女深入学习书法知识，并掌握书法技能。

(7) 中华绘画资源

中国画是一种独特的艺术形式，在全球艺术领域中具有显著地位，已成为中华文化的重要象征。这个平台能够有条不紊地展示书画历史和作品的介绍，有助于海外华侨子女全面深入地了解中华绘画艺术。

(8) 中华剪纸艺术资源

中华剪纸艺术资源作为中华文化的核心元素，深受海外华侨子女的钟爱，其线上学习和模仿功能，为海外华侨子女提供了独特的文化体验。

（9）中华地理资源

中华地理资源作为一个国家文化构建的重要基础，其蕴含的人力劳动内涵和人文元素，为海外华侨子女提供了系统的知识获取路径。

（10）中华名人资源

中华五千年的历史中涌现出众多杰出人物，他们为中国历史的发展贡献了力量，他们自身已经成为中华文化的重要组成部分。向海外华侨子女介绍中华名人，也是向他们传播中华文化的过程。

（11）其他相关资源

如泥塑等相关资源，也是中华文化的重要组成部分，值得推介。

综上所述，中华文化资源丰富多彩，为海外华侨子女提供了丰富多样的学习途径和了解中华文化的途径。

就中文教育基地的职责而言，不仅需提供富含中华优秀传统文化的丰富图文资源，还需涵盖民族民间文化的相关内容，如侗族大歌、苗族飞歌、布依舞蹈、贵州傩戏以及民间习俗等，均是我们需要关注的重要资源。为了提升阅读体验，这些图文资源不仅要由专业人士编写，还需配有声情并茂的音频或视觉内容，以增强其吸引力。

3. 建立中文教育学术研究资源平台

中文教育的学术研究作为实践科学发展的重要源泉，为全球中文教育研究提供资源平台服务具有显著的积极影响。在国内，中文教育基地有必要充分发掘自身优势，通过资源平台将所接触到的学术研究资源，如相关学术论文等，进行全球性的分享，从而为全球中文教育研究者提供便捷的参考资源。

在中国暨南大学华文学院，以及福建华侨大学等诸多致力于海外华人教育的机构中，长期以来积聚了丰富的学术研究成果。通过构建中文教育学术研究资源平台，我们可以实现对这些资源的有效整合和共享，从而提升学术成果的影响力，并确保资源精准地惠及相关专业的研究人员。这样既能够提高学术资源的利用效率，也有助于推动中文教育领域的学术互动与发展。

4. 建立中文教育讨论交流论坛

为了有效增强和优化中文教育活动的影响力和质量，同行业者的交流以及师生之间的交流都具有至关重要的作用。在现场交流受限的情况下，建设一个专门的中文教育交流平台无疑是明智之举。此类交流平台能让全球各地的中文教育从业者和华裔子女在网络上进行或参与相关讨论，进而构建一个中文教育在线社区。这将对中文教育的持续发展产生积极的助力效应。

纵览全局，中文教育资源平台的创建方法具有显著的优点。优势表现为以下几点：

第一，资源建设方能够精心设计并挑选相关内容，从而为用户提供所需的优质经典学习资源。

第二，用户能够自由地在任何时间和地点浏览，并根据自身兴趣进行学习。

第三，由于网络稳定性较高，因此平台受网络不稳定因素的影响较小。

（二）开展在线中文教育活动

随着互联网大数据技术的飞速发展，各类技术平台可有效支持在线互动教学、互动游戏以及互动交流等在线华语教育形式。这些先进的科技手段为在线华语教育带来了前所未有的发展前景，有望显著提升华语教育的品质和成效。

1. 在线互动授课

在线互动授课是指以视频及语音直播形式，教师按照课程内容进行设计，并向学生进行讲解的过程。在此过程中，学生能与教师进行互动交流，同时与同学分享学习心得。尽管与传统教室现场教学有所不同，但其在保证教学效果方面更具优势，更具"人情味"，能确保学习效果。目前，已有诸多在线直播教室软件能实现在线实时互动教学，例如，"腾讯课堂""雨课堂""钉钉课堂"等，这些平台均受到了广大用户的认可。学生可通过手机 App 进行在线课程，听课过程中遇到问题，可直接在 App 留言窗口提问，教师能实时查看。教师亦可点名提问，开放学生的麦克风，以便学生现场回答或与他人交流。综合来看，尽管教学双方并非身处同一地点，但基本已接近相同现场的教学环境。

2. 在线互动游戏

在对新一代华裔学生的教育过程中，我们提倡通过游戏化的方式进行学习，这将极大地提高教学效果。借助于当前的大数据技术，通过在线视频连线进行互动游戏活动已成为可能。为了确保游戏活动的顺利进行，建议采用具有强大服务集群支持的软件平台，如"腾讯会议"等。

3. 在线互动交流

在线互动交流的方式可以通过腾讯会议等在线平台实现，主持人启动会议后，各方可以凭借会议 ID 进入会议，并通过视频和音频进行沟通和讨论。这种方法能在人员密集的环境下实现人际互动，从而推进中文教育的正面发展。

从具体上来讲，在线中文教育的方式有其优势。优点在于：教师和学生可以实时互动，解决相关问题的速度也能提升。

第八章 国际中文教育教学中的现代教育技术应用

  本书第八章为国际中文教育教学中的现代教育技术应用，分别介绍了国际中文教育线上教学平台、cMOOC模式下的国际中文教育教学、远程教育与国际中文教育教学三个方面的内容。

第一节　国际中文教育线上教学平台

一、国际中文教育线上教学产生的背景和发展情况

（一）国际中文教育线上教学产生的背景

自 20 世纪 60 年代以来，国际中文教育的教学技术手段发生了巨大的变化。计算机辅助教学（CAI,Computer Assisted Instruction）是其中最重要的一环，也是其网络化的体现。远程教学在当今社会发展迅速，经历了三个阶段。19 世纪 40 年代，欧洲开始推行函授课程，这是远程教学的初期阶段。20 世纪 30 年代，"广播电视教育时代"开始利用广播电视技术进行远程教学，这标志着远程教学的第二阶段。随着 20 世纪 80 年代的到来，远程教育进入第三阶段，以计算机网络为核心，结合多媒体技术，形成了一种综合性的教学模式，其优势在于信息流量大、信息质量高、便捷性强、交互性好，为学习者提供了更多的学习机会，前景一片光明。随着科技的进步，越来越多的学者开始意识到网络中文教学的重要性，并开始探索将其与传统的远程教育相结合的方式。随着科技的飞速发展，国际中文教育已经不再局限于传统的面授教学，而是利用互联网技术进行网络教学，这将成为当今信息时代的重要手段。

随着互联网和计算机技术的飞速发展，它们对社会各行业产生了深远的影响，尤其是教育领域，它们迎来了前所未有的发展机遇和变革。在这种新环境下，教育领域不断探索和创新，积极利用各种网络平台，实现了从传统的线下教学到线上教学的转变。随着科技的发展，线上教学已经成为一种必不可少的应急措施，它不仅是时代发展的产物，也为国际中文教育的发展提供了良好的基础设施。如今，各种电子设备和平台层出不穷，线上教学已经成为一种不可避免的趋势，为教育发展提供了强有力的支撑。

（二）国际中文教育线上教学平台发展情况

5G 技术的发展使得中文教师和学生更加重视科学技术的重要性。线上教学

已经超越了传统的教学模式,从"小众教学"转变为"大众教学",使得教师和学生都能够更好地适应这种新的教学方式,并且能够更加灵活地使用各种教学平台。教师利用多媒体技术,结合中文的语言特点,建立丰富的语料库,采用可操作的客户端平台,实现全面、多层次的网络教学,以及积极汲取以往教学经验,不断创新,以期达到更好的教育效果。

二、国际中文教育线上教学平台的优势

(一)便利化

随着 21 世纪全球互联网的普及,通过网络学习中文已经成了一种非常有效的方式。国际中文教育平台的出现,不仅大大减少了学习者的地域限制,而且使得他们能够在任何地方都能够轻松完成学习任务。通过这种方式,学习者不仅能够避免路途中的困难,还能够更有效地利用时间,使他们的学习更加自主。这样,他们就能够随时随地继续自己的学习,满足不同需求的人群。随着网络的普及,学习资源的网络化使得学生能够在任何时间和任何地点轻松学习中文,"听课"和"碎片时间"等资料库也为他们提供了更多的便利,他们不必携带大量的工具书或教材,从而可以更好地利用碎片时间学习中文。

(二)经济性

网络"一对一"课程的价格明显低于现实"一对一"课程,按一节 55 分钟的课程计算,网络课程的价格一般在 20~45 元,而面对面课程的价格则在 50 元左右。此外,网络课程还可以节省路费,使学习者更加轻松地获取知识。非实时授课的优势在于,教师可以录制多个视频,这样可以节省大量的成本,而且,网络教学的教材大多以电子版为主,这样可以有效减少纸质教材的印刷、搬运、储存及处理成本。

(三)师生互动性增强

中文国际教育是一种重视交流和合作的语言学习方式,其中包括教师和学生之间的互动。网络课堂是一种动态的学习过程,提供了多种交流方式,包括与教师、课程内容、媒体和学习伙伴的交流。通过这种方式,学生可以随时随地提出

问题并留下评论，如果遇到困难或不理解的问题，可以直接向教师求助或在留言板上发表意见。这样，已经掌握知识的学生就能更好地理解和应用所学的内容。通过提供有效的指导和帮助，我们可以让学生更轻松地掌握课程内容，营造一种积极向上的学习氛围，激发他们的学习热情，从而实现最佳的学习效果。

（四）学习途径增多

留学生可以通过多种方式获取知识，包括观看视频课程、查看幻灯片（以下简称"PPT"）和阅读电子教科书等。这些方式使得学生能够更好地理解课程内容，并且可以随时通过网络查找答案。网络的容量可以满足不同学生的学习需求。随着网络技术的发展，教师可以利用网络搜索名师的视频课程，将其引入传统的课堂教学中，以此来激发学生的学习兴趣。

（五）学习方式灵活

通过在线学习，教师可以为学生提供更多的选择，让他们有更多的时间去探索和实践。对于那些认知能力较弱的学生，他们可以获得更多的时间来复习已学的知识，并且可以通过不断练习来巩固所学的内容。这样，他们就可以根据自己的学习能力和认知水平，灵活地安排学习时间，从而激发他们的学习热情。

第二节　cMOOC 模式下的国际中文教育教学

一、cMOOC 模式下的国际中文教育教学的特点

引入 cMOOC 模式，使得国际中文教育的教学方式和过程发生了巨大的变化，为提升教学质量和效率作出了重要贡献。

（一）学习者自主性增强

基于 cMOOC 模式的国际中文教育教学鼓励学生自主学习，让他们能够根据自身的兴趣和能力，选择适合的学习时间、地点、方式和精力，并制定出最适合自身的学习目标。为了帮助中文学习者更好地理解和掌握汉语，需要改变网络平台的结构，包括添加新的语言和相关的内容。我们还需要注意如何将汉语知识和信息有效地分离和重新排列，并确保它们的直观性和实时性。此外，我们还需要不断增强个人的语言能力，以便更好地应对日常生活中的交流和复杂情况。总之，这些措施将有助于建立一个牢固的、与中文语言相匹配的交际和综合应用系统，从而帮助学习者实现从知识到技能的转变。

（二）呈现内容方式多样

我们不要将语言学习内容局限在教科书中，还要深入挖掘其中的时代性、地方特色、历史知识，以及不同民族之间的风俗习惯、会话方式和价值观念的差异，并且结合当代中国最新的文化内涵，推送包括视频、图片、音乐等与话题相关的资料和阅读材料，帮助学习者更好地理解和掌握语言，从而提升其学习效果。通过不断练习和实践，我们可以不断提高学习者的语言能力。

（三）获取知识领域宽泛

在 cMOOC 模式下，中文知识并非固定不变，而是在不断发展。因此，在国际中文教育课程中，我们不能仅依靠被动接收，而应通过辩证思维和批判性思维来与教师进行互动。我们的学习环境也不能仅仅局限于传统的面对面课堂，还需

要扩大到社交媒体。所有参加这门课的人都有机会分享他们在学习过程中遇到的趣事、感悟，并且根据他们的不同看法和态度，在这些平台上建立联系，从而形成一个更加完整、系统的中文学习网络。

二、cMOOC 模式引入国际中文教育实践

目前，在我国，cMOOC 模式下的国际中文教育实践课堂主要通过 LAN 课程来实现。首先，这些课程通常由学校或二级教学机构的教师根据日常课堂的内容和进度，在课外时间为中文学习者提供各种形式的网络语言实践课堂。这些课堂可以通过微信、腾讯 QQ 群聊、Skype 等网络平台进行。学习这类课程不需要任何费用，只要学习者是在校生，就可以登录系统，参与学习和互动。其次，在跨校际 cMOOC 模式下，为了提供一个全球性的中文教育实践课程，我们建立了一个公共的网络平台，由专业的团队负责建设，并且通过校际合作和协商，中文学习者可以免费注册账号，随时登录并参与语言实践活动，而非协议范围内的中文学习者则可以支付费用，继续参加学习。cMOOC 的成功取决于它所提供的课程的质量和有效性。这些课程不仅具备传统 cMOOC 的开放、广泛、透明、容易获取和可重复的特点，还具备更多的语言实践和交流，强调课堂的持久、连续和扩展，并且关注个人学习网络的建立，反映出关联主义的学习理念。

cMOOC 模式旨在构建一个以主题为核心的、具有个性化特征的学习环境，从而推进当前国际中文教育的发展。下面我们将深入探讨 cMOOC 模式在国际中文教育中的应用，并从不同角度分析其在此领域的有效性，从而为未来的改革和创新提供参考。

（一）cMOOC 模式下的国际中文教育教学安排

我们主要研究高校开设的国际中文教育 cMOOC 教学课程。该课程根据《国际汉语教学通用课程大纲》要求，作为《发展汉语·中级综合》课堂教学的延展与语言实践，设计出一系列话题内容进行教学。教学对象为具有 1 年以上（包括 1 年）中文中级水平的留学生，呈现方式主要是把微信与腾讯 QQ 群作为网络平台，以话题为中心展开互动，教师和学习者可以根据课程的主话题自主分解成多个子话题进行学习和讨论。

教学目标是使学习者能够独自寻找自己感兴趣的学习资料，并完成对资料的筛选、阅读及讨论等环节，培养学习者的自主学习意识和合作意识；能够使语言知识与社会问题相结合，培养语言交际能力；能够具有了解中国传统思想文化的愿望，并能够独立思考，具有评价某种观点的想法；能够对当代中国文化有直观的认识，从而融入中国文化生活。

在教学内容上，话题设计按照"结构—功能—文化"的编排理念，在分析《发展汉语·中级综合》教材的词汇、语法、课文及练习等内容基础上，根据教材某一个知识点提炼出相关话题。话题按照《国际汉语教学通用课程大纲》的具体分类标准，参照《发展汉语·中级口语》教材的话题分类，结合所研究教材的特点及学习者的学习需求，从人际关系、现实生活、社会热点和人生百态等方面设计了30个题目。每一个话题都尽可能地与《发展汉语·中级综合》里的阅读、口语、听力、写作等教学内容和主旨相契合，符合国际中文教育教学的系统性和科学性标准。

教学方法上，根据课堂教学的内容，循序渐进地引入话题内容；运用直观手段，推送视频、音频、图片、网页等内容；设计互动问题进行小组活动，展示学习者的主体性，鼓励学习者合作学习。

互动方式上，师生在教学互动中处于平等对话的状态，作为学习网络中的两个重要节点，二者都具有话语权，可以在网络中自由交流，并共同参与课程的知识构建。

时间安排上，本课程分为两学期，每个学期15次课，共计30次课。每一个话题用一周的时间进行学习，上课时间设置灵活，学习者可以随时随地地进行学习和互动。

（二）cMOOC 模式下的国际中文教育教学的实施

cMOOC 模式下的国际中文教育教学实施过程，以"做一次旅行攻略"为例，将为学习者提供一个全新的视角，让他们在学习"北京的四季"之前，就能够更好地了解中国的交通方式、住房环境等问题，从而更好地实现国际中文教育教学的目标。

1. 课前知识的准备与推送

准备课前知识和推送信息是学习者掌握课程内容的关键步骤，也是与其他知识点建立联系的重要方式。中文教师会精心挑选和准备课程内容,并通过微信平台向学生推送与旅行相关的信息。在"北京的四季"一课中,教师推送了许多经典的北京景点,如故宫、北海、南锣鼓巷,以及当地的特色小吃豌豆黄、豆汁儿、冰糖葫芦等。此外,教师还提供了丰富的视频资源、图片和网页链接,如北京申奥宣传片、"北京欢迎你"歌曲、故宫中的明清文化、北京话等,以帮助学生更好地了解北京的文化和历史。通过教师的指导,学生不仅可以更好地理解北京的美景、文化和历史,还可以培养他们的创新思维,从而更加深入地探索旅游规划的相关知识,并且有效地进行课堂交流。

在信息推送中,教师需要谨慎选择内容。首先,应确保推送的内容与学生的实际学习水平相匹配,特别是初期,应该与课堂教学保持同等水平。这样,学生就不会因为知识难度过大而放弃学习。随着学生中文水平的提高,根据"i+1"输入原则(i代表学生已经达到的中文水平,"+1"指略高于学生水平的语言输入),输入的语言信息可以略高于学生的实际水平。"我们正是通过可懂的输入习得语言的"不仅能让学习者感受到存在感和成就感,还能激发他们对中文的学习热情和自主学习能力,从而加速中文学习者建立起一个完整的知识、技能和能力的学习网络。其次,为了更好地利用网络教学的优势,我们应该提供最新、最贴近生活的内容,以激发学习者的学习热情。此外,我们还应该鼓励学习者不断思考,因为他们在课前可能没有对所学内容有系统的了解。通过主动参与和互动,我们可以帮助他们寻找学习动机,并确保他们能够实现学习目标。

2. 课中教学互动

cMOOC教学与传统课堂教学有着本质的不同,它不仅提供了面对面的交流机会,还提供了一个便捷、高效的互动讨论平台,使师生之间、生生之间的交流变得更加有效、更加深入。通过学习北京的历史文化,学生已经初步了解了与北京相关的语言内容,并且能够根据自己的学习情况和生活实际来思考这些内容。在互动阶段,教师需要引导学生深入思考旅游主题,寻找话题研究的切入点。例如,有些学生喜欢四川的美食,有些人喜欢中国的历史古城西安,还有些人喜欢四季如春的昆明。教师可以根据学生的选择,从饮食、景点、交通、住宿、环境等多方面引导他们进行表达,加强学生与各个知识节点之间的联系,鼓励大家勇敢表达自己的观点和看法。这种互动方式与传统课堂中的教师导演和 cMOOC 背景下的任务型互动不同，它是一种去中心化的知识消费方式。在这种方式中，学习不再是一个过程，而是一种产品。通过使用产品进行交流，中文学习者可以通过小组讨论、汉语知识反馈、情景应答和语言游戏等方式，跨越时空限制，提高中文综合运用能力，并建立自己的中文学习网络，与 cMOOC 硬件平台共同创造新的知识循环。在这个平台上，中文学习者可以通过多次交流和互动来传播新的知识，并且可以和其他人一起分享。这样，他们的知识就会慢慢地流转到第二阶段，并且可以通过交谈、反省和实践来巩固已经掌握的汉语语言知识和技能，从而培养出具有个人特色的语言理解、语言感觉和语言表达方式。通过提供多样化和时代性的汉语知识信息，平台能够吸引中文学习者，并将他们新学到的中文知识再次应用到实际语言中。他们希望通过实践来验证新的中文知识的可持续性和可产生性。在 cMOOC 模式下，学习者可以根据自己的知识、价值和文化感悟，按照自己的意愿进行交互，实现中文学习的个性化和完美化。通过这种新旧中文知识的循环交流，我们实现了中文知识的重组、生成和再创造，并将乔姆斯基的有限规则转换为无限话语，从而使第二语言习得得以实现。

3. 课后巩固提升

在网络课堂中，教师的指导与互动交流是学生获取更多信息的基础。通过参与课堂活动，学生可以更好地理解所学的知识，如旅游目的地、景点、环境等，并能够更好地制订出更加完善的旅游计划。在这一阶段，教师会指导学生制定一份旅行指南，并在腾讯 QQ 平台上发布。这样，他们就能够更好地保存和更新他们的学习成果，并且在日后更好地理解。同时，腾讯 QQ 还能够鼓励学生分享他们的学习经验。通过阅读"旅行"中的内容，学生可以不断拓展自己的知识面，并建立起与"旅行"相关的学习网络。此外，教师还会鼓励学生就一些具体的、典型的内容和观点进行互动讨论，以促进彼此的思考，增强他们的知识挖掘和信息搜集能力。在课后，我们会加强中文学习者学习网络的稳定性，并强调环境对汉语言综合运用能力的重要性。此外，我们还会将所学知识的记录作为期末考试的重要指标。

第三节　远程教育与国际中文教育教学

一、远程教育的定义

早期的远程教育形式是函授教育，UNESCO（联合国教育、科学及文化组织）在 20 世纪 70 年代末将其定义为一种以电子邮件的方式进行的教育活动，其中包括将文字资料、视频资料等传输到学生手中，并将完成的作业及其相关的资料及反馈给教师，从而使教学更加便捷、高效。这个定义反映了早期的远程教育模式，但它与现代的远程教育概念存在巨大差异。在对远程教育的定义上，最具代表性的几个方面可以归纳为以下几点：

（一）远程教育是一种有系统组织的自学形式

在这种模式下，一个由教师组成的小组负责提供咨询、准备学习资料，并确保学生的表现。每个人都有责任感，并且通过媒体工具可以消除距离，从而广泛传播。

（二）远程教育包括所有层次的各种学习形式

远程教育使学生不受到教师的直接指导，而是通过参与教育组织的计划、指导和教学辅导来获得知识和技能。这种方式使得学生可以在不同的时间和地点接受教育，从而更好地发挥自己的潜能。

（三）远程教育是一种传授知识、技能和态度的方法

通过有效的劳动分工和组织原则，以及利用先进的技术媒体，使教学更加合理化，特别是采用高质量的教学材料，可以在同一时间在学生生活的地方教授大量知识，从而实现教育的工业化。

（四）远程教学可以定义成教学方法大全

在这个教学方法大全中，教师和学生的互动不再局限于传统的纸质、电子、机械等形式，还可以采用更加多样化的方式，如互动游戏、互动讨论、互动游戏、

互动游戏网络等，以更好地满足学习者的需求。

最具影响并被广泛认可的是远程教育学院德斯蒙德·基更（Desmond Keegan）1986年出版的《远程教育基础》一书中提出的对远程教育的描述性定义。

第一，教师和学生之间的关系是独立的，这使得它们不同于传统的面授式教学。

第二，教育机构会制定和提供有关学习资源的方案，帮助学生进行自主学习，这使得它们不同于个人学习或自我培养项目。

第三，利用多种技术媒介，如印刷、音频、电子等，将教师和学生连接起来，使他们能够更好地理解课程内容。

第四，通过提供双向通信，鼓励学生进行交流，从而获得更多的知识和技能，这与传统的教育方式有所不同。

第五，学生在学习过程中与集体保持着一定的距离，他们通常会接受个性化的教学，但也不排除为了更好地实现教学目标和社会目标而组织的集体面授交流。

通过此定义的描述，我们可以看出，远程教育的形式是师生分离，远程教育的服务是基于信息技术的教学交互支持的，远程教育的基础是师生的信息技术能力，远程学习的材料呈现出网络化、媒体化趋势，远程教育的教学模式是混合多样的。因此，综合专家、学者对远程教育的普遍规定与认识，本书从其手段、要求、内容、计划与性质等方面对现代远程教育进行再次界定：学校或教育机构利用计算机网络技术和信息技术等手段，突破师生时空分离，实现教与学的信息交互，培养基于现代信息技术的学习能力，并完成特定学习任务的教学活动形式。

二、远程教育在国际中文教育中呈现的特点与优势

（一）有利于因材施教

通过制订符合个人特点和现有基础的学习计划，帮助其提升学习效率。通过远程教育，学生可以与具有相似背景、能力和经验的同学一起学习，分享彼此的经验和技巧，从而实现共同进步。一名国际中文教师可以同时指导多名不同水平的学生，这样既能增强他们的自信心，又能减少由于学生能力差异带来的教学干扰。

（二）教学形式灵活，能满足多种需求的中文学习需要

随着科技的发展，远程教育已经成为一种新型的学习方式。通过网络学校，学生可以获得各种形式的帮助，包括课堂笔记、教学资料、视频讲解和录音。如果遇到困难，他们还可以重新观看和练习。为了满足成人学生的不同需求，远程国际中文教育还推出了各种形式的学习项目。学生可以选择不同的学历水平，例如，专科或本科。此外，他们还可以根据自己的需求，选修一些特定的汉语培训课程，例如，职称汉语、行业汉语、汉语口语、专业汉语等。这些都是为了帮助他们提高汉语应用能力。

（三）教学资源丰富、形式多样

现代远程国际中文教育与传统的教学模式有很大不同，它基于网络提供了更多样化的教学资源，包括文字、图片、视频、音频等。这种教学方式旨在培养学生的听、说、读、写和翻译能力，并通过丰富多彩的多媒体资源来提高学生对于学习的乐趣。通过远程教育，学生可以模拟真实的语言学习环境，不仅可以获得丰富的教材和练习材料，还可以获得大量的背景资料，让他们在轻松愉快的氛围中学习中文知识，深入了解东方文化，激发学习积极性，从而提升学习效率。与传统的国际中文教育方式相比，远程教育提供的教学资源利用率更高，涵盖的领域更广，成本更低。

（四）自主学习与合作学习有效结合

中文是一门充满人文气息的语言文化课程，强调交流与实践。学习中文需要通过多种有意义的教学活动，如听、说、聊、演、写等，只有这样才能真正掌握中文知识和技能。交际性是一种重要的语言能力，需要通过师生之间、学生之间的多种交流活动来培养。网络技术的发展使得学习者可以随时随地学习，并且可以通过虚拟环境和丰富的网络资源来提高交流能力。无论是中文基础较弱还是中文基础较好，学习者都能从这些环境中受益。传统的合作学习方式主要是通过小组合作实现，但在远程开放教育环境中，合作学习已经扩展到了课外交流和合作，这不仅提高了合作学习的效率，也使自主学习更具个性化和人性化。

第九章　国际中文教育教学展望

　　本书第九章为国际中文教育教学展望,对国际中文教育未来的发展进行了分析,分别是国际中文教育的"国际化""本土化"、国际中文教学:事业与学科。

第一节　国际中文教育的"国际化""本土化"

中文教育作为一种国际化的第二语言/外语教学，最初的定义是为非中文母语的外国人提供中文教学。随着时间的推移，越来越多的中文教育工作者走出国门，在世界各地教授中文，他们的足迹遍布全球。国际化教育的内涵在于它所面对的教学对象和教学环境。因此，我们必须清楚地理解这一概念，避免思想混乱，从而促进国际中文教育整体水平的提高。

随着全球化的发展，国际中文教育正在迅速崛起。原本以中文为第二语言教学的学科，如今已经更名为国际中文教育，但它的本质依然不变，即中文作为第二语言教学的学科，更加注重外向型的特点，涵盖面更广，内涵更深。换句话说，对外汉语教学是国际中文教育的前身，而国际中文教育则是在对外汉语教学的基础上进行拓展的。这两者本来是一体的。现在，人们提出了国际化和国别化的问题，对于国际中文教育来说，应该有新的认识。"国际化"是一种可以帮助中文走向世界的教育方式，旨在提升国家的软实力。"国别化"则是一种更加全面的教育方式，旨在使中文更快地融入世界。"国别化"旨在帮助中文教育更好地适应国际化和国别化的需求。中文作为一种国际通用语言，正在迅速走向世界。为了更好地适应各国和各地区的教学需求，我们需要探讨如何在国际化过程中保留中文和中华文化的特色，并在这些方面加快发展。

一、中文教师国际化

（一）中文教师构成国际化

中文教育应当更加注重地方特色，因此，我们需要大力培养当地的中文教师，让他们能够更好地适应当地的文化和语言环境。

当一个国家想要向全球推广其民族语言时，仅仅依靠母语为该国语言的教师是远远不够的。当今，全球有超过4000万人在学习中文，而我国派出的中文教师仅仅是其中的一小部分。我们必须采取措施，加强对本土中文教师的培养。为了让更多的外国人致力于中文教学，我们应该努力培养他们，例如，美国的黎天睦、德国的柯彼德、法国的白乐桑、日本的伊地智善继和舆水优、韩国的许璧等。他们的中文水平非常高，并且能够用中文教授本国学生，值得我们敬佩。

许多华裔教师，包括来自英国的佟秉正、美国的李英哲和姚道中，澳大利亚的胡百华和徐家桢等，近年来都取得了突破性进展。这些华裔教师来自不同国家，了解当地的文化和学习方式，并且成了海外中文教育的中流砥柱。

为了培养来自海外的母语非中文的中文教师，我们应该更加努力，使他们成为合格的教师。这种合格的教师必须具备了解中文和中国文化的知识，熟练掌握中文教学技能，并且具备良好的教师素质。

目前，汉语国际教育硕士专业学位旨在培养具备母语不是汉语的外籍汉语教师，以期能够成为未来海外汉语教师的重要支柱。因此，我们必须加强对这些教师的汉语能力的训练，以确保他们能够胜任未来的汉语教学工作，从而推动汉语国际化的进程。为了帮助他们更好地掌握汉语，我们建议他们更多地学习高级汉语课程，并且加强对汉语原文的阅读和写作训练，以便他们在日常交流中能够流利地运用汉语。为了让更多的人掌握中文，我们必须对中文教师进行严格的培训。只有通过不断提高自己的中文水平，才能在异国教授中文，并将其传播出去。如果我们忽视了这一点，只是按照培训计划来完成课程的教学，那么我们就很难胜任将中文带到世界的使命，也很难成为合格的中文教师。中文在国际上的传播和影响力正在不断增强，这需要一支庞大的中文教师队伍。中文教师的本土化是不可避免的，也是中文走向世界的必然趋势。

（二）中文教师知识结构国际化

为了让国际中文教师具备国际化的知识结构，他们不仅需要掌握扎实的中文和中国文化知识，还应该了解世界文化，拓展自己的国际视野。此外，他们还应该培养民族认同感和世界认同感，并致力于成为世界公民。要让中文在多元文化中得到充分发挥。

中文为母语的教师在语言知识和语言教学技能的培养方面甚为重视。每位中文教师至少具备用一种外语熟练进行中文教学的能力，并具有国外教学或学习的经历，具有跨文化沟通的能力。在语言学家韩礼德看来，中文的声调具有一种天生的特征，声调的不同意义使得它的语言表达更加丰富，更加生动，更加动听。汉字是中华文明的瑰宝，蕴含着深厚的历史文化底蕴，让我们深深地感到自豪，尤其是对于那些母语为中文的孩子，他们在学习汉字时，几乎不会遇到挑战。

然而，许多外国人对中文并不熟悉，他们觉得中文的书写非常奇特。原因在于，中文是一种有声调的分析型语言，其书写形式以方块字为主，而且中文的语法也有一些独特之处，所以，那些母语为没有声调、以拼音为书写形式的曲折语言的学生，会觉得中文非常陌生。①中国现代语言和现代音乐学先驱赵元任指出，学习声调并非一件困难的事情，如果觉得困难，可能是由于心理因素所致，而不是语言本身。只要学生明白声调是词的一部分，并且记住要使用它，那么词就不会再是原来的词了。只要这种态度得到了确认，学习声调就不再是一件困难的事情。赵先生在汉语教学领域已经有几十年的教学经验，他曾经遇到过一个特殊的情况：在伯克利大学的一门课上，一个学生无法模拟出"啊" a（第二声），却能够说出 a（第四声）。他是一个聋哑人，或者叫作调盲。②这就说明，初学者对汉语声调可能不太了解，可能会有自己的认识，导致学习困难。中文教师应该了解学习者对声调的看法，并能够清楚地讲解声调的本质，以消除他们的误解和畏难情绪。

再例如，许多人认为中文很难学，认为汉字的书写非常困难。甚至有人认为一个汉字就像一幅画。然而，汉字和音节之间有着密切的联系，因此，一个教授中文的中国人必须完全掌握中文拼音，并能够熟练地使用它来书写和阅读。通过这种方式，他们可以引导外国人开始说中文，并帮助他们学会基本的中文交流。当学生掌握了基本的语言技能，在适当的时机，他们可以开始学习汉字，并且可以通过讲解汉字的结构和变化来帮助他们更好地理解汉字。这需要学生对汉字有深入的理解。如果一个初学者没有掌握基本的汉字，就贸然引入汉字，可能会让他感到困惑甚至厌恶。因此，我们应该了解他们如何认识汉字，并采取适当的方法来帮助他们正确理解汉字，并遵循识字、描字、写字的规则来教授汉字，这样学习汉字的畏难情绪就会得到缓解。要想真正了解学习者，"他者视角"必不可少，

---

① 中国大百科全书编辑部. 中国大百科全书·语言文字 [C]. 北京：中国大百科全书出版社，1988.
② 吴勇毅，赵金铭. 汉语作为第二语言教学的教学方法研究 [M]. 北京：商务印书馆出版社，2019.

要从学习者的视角出发，有针对性地进行教学，以便让学习者受益。

中文教师国际化的关键在于具备"他者视角"的知识和技能，无论是教授语言还是文化，都应该做到这一点。我们需要了解外国学习者的想法，并且了解他们如何理解和看待我们的语言和文化。通过这种方式，我们才能有针对性地教授，从而达到预期的效果。

了解别人对中文学习的重要性是显而易见的。如果我们能够将中文与文化结合起来，并以此来影响其他人，那么我们就可以取得意想不到的成就。

国际中文教师应该深入研究全球中文学习者的观点，以便更加准确地传授中文知识，并且以恰当的方式引导他们，以便让他们更好地掌握中文及中国文化。

二、中文课程设置与中文教学法国际化

一般来说，"三教"问题是国际中文教育中的一个重要组成部分，而这一问题的解决需要从课程、教法和教材的国际化入手。

（一）中文课程设置国际化

中文教育课程包括两类：一类是以中文为第二语言的学习课程，另一类是专门培养和提高中文教师的课程。

随着时代的发展，中文作为第二语言学习的课程越来越强调语言的实践性，以及学习者的语言能力。

在全球范围内，使用母语来讲授中文知识已经成为一种普遍现象。例如，在保加利亚，当地的中文教师认为，由于缺乏中文环境，学习中文比较艰难，因此他们非常重视语言理论和知识的教学，并将课时投入到更多的课程中。

在中文课程的国际化进程中，我们认为要想加强语言知识的重要性，讲解是必不可少的，它能够帮助学生更好地理解和分析，并且能够让他们更容易地举一反三，从而获得更多的启发。

多年来，我们一直努力将中文作为母语教学与第二语言教学区分开来，以便更好地满足学生的需求。此外，我们也强调，中文教学不仅是传授知识，更重要的是培养学生的技能。因此，在教师的培养和培训中，我们既注重培养语言技能，也注重观察学生的学习过程。

除了国际化视野类课程，其他类型的课程也应该纳入课程规划，以便更好地满足学生的学习需求。从课程设置的三大类上看，基本知识类课程、语言教学技能类课程以及特色类课程，其中有两类课程应该与国际第二语言教学体系相协调，结合中文和汉字本身的特点，在核心课程的设置上，充分体现中文作为外语教学的特点，以期达到与国际第二语言教学课程设置前沿接轨的目的，从而增强学生的学习效果，促进学生的学习兴趣，提高学习效率，提升学习成绩，实现学习目标。

（二）中文教学模式、教学方法国际化

通过多年的教学经验，我们已经建立了一套完善的中文教学模式。但是，由于文化背景的差异，语言教学的环境也会发生巨大变化，因此我们需要根据一般的语言教学原则，并考虑当地的情况，来选择最适合他们的中文教学模式。中文教育在全球各地有各种各样的方法，这使得它在国际上变得越来越流行。

中文教学应该既具有国际性，又具有本土特色。在教学过程中，应该灵活运用多种方法，以适应不同的教学对象和复杂的教学环境。为了更好地满足学习者的需求，我们应该将中文教学的一般原则与当地的教学实际相结合，并进行改进。国别化中文教学是一种将中文作为第二语言的教学方法具体化的过程。在某些地区，中文教学经验可能会更加丰富，并且可以为其他地区提供参考和借鉴。

国际中文教育的教学方式和手段与传统的外语教学相似。但它也有自己的个性，这些个性体现在它的语音、词汇和语法特征，以及它的书写风格上。在选择教学方式时，应该牢记语言教育的核心原则，并根据不同的文化背景进行灵活调整。如果我们熟悉中文作为一门外语的普遍规则，那么在将来到海外进行中文教学时，就会更加适应当地的文化和需求，并创造出独具特色的中文课程。中文教学在世界各地都有其独特之处，这有助于促进国际中文教育的发展。选择教学方法时，应根据当地的国情，遵循语言教学的基本原则，并灵活处理。只有立论坚实，目标明确，才可以走出一条通往成功的道路。

在国际中文教学中，语音系统、词汇体系、语法结构以及规范汉字都不能完全国际化，必须遵循我国的相关规定。言语内容是一种深刻的表达方式，不仅反映出中华民族的文化特色，也折射出人类共同的思想感情，其中蕴含着丰富的文化精髓、社会生活、民风民俗等，比如，"己所不欲，勿施于人"，它提倡和谐社会、和谐世界，这不仅是中国的特色，也是全球共同的理念。一些言论内容可以被国际化，从而使其具有更广泛的影响力。

思维是人类独特的一种精神活动，不仅体现在一致性上，也体现在差异性上。语言是思维的重要工具，不同民族的思维习惯和表达方式各有不同，因此，思维也应该受到多元文化的影响，以便更好地表达自己的想法。例如，在表达时间和地点方面，中文是从大到小的，而其他语言大都是从小到大的。

在讨论国际化问题时，我们必须保持独立性。中文教学应该遵循第二语言的原则，并且应该避免偏离正确的方向。通过引入国际上先进的语言教学理念和方法，我们应该努力开发具有中文特色的教学模式，以培养出能够熟练运用中文的专业人士，让中文能够迅速地融入世界。

三、中文作为外语教材的语言内容，不能国际化，也不应本土化

中文教学的首要任务是教授标准的中文和规范的汉字。在国际中文教育中，我们的目标是帮助中文更快地融入世界。因此，教授中文的方法和技巧显得尤为重要。

在《中华人民共和国国家通用语言文字法》第十条的指导下，"学校及其他教育机构以普通话和规范汉字为基本的教育教学用语用字""教什么""学什么"的基本原则被确立，即中文作为外语教学的语言和文字必须符合《中华人民共和国国家通用语言文字法》的标准，但同时，它的文化内涵和语言要素也必须保持原汁原味，而不能被本地文化所影响。

为了更好地传递信息，我们应该遵循一些基本的原则，并加入一些当地的元素。例如，新加坡的语言中可以包含一些新鲜的词语。此外，我们还应该融入一些当地的文化元素，比如法国的埃菲尔铁塔和美国的自由女神。语言的语音和语法规则是不可更改的。随着中文教学国际化的发展，新的标准正在逐渐形成。如果缺乏这些新的标准，中文教学的质量和学习效率就无法得到保证，同时也会影响整体的教学评估。

有一种观点认为，普通话是国家标准语，但也有一些地方普通话带有方言味

儿，这种情况也应该被承认。

在全球范围内，华人社区中流行着各种具有方言特色的普通话。这些语言被广泛使用，并且没有争议。然而，作为一门专门针对中文学习者设计的中文课程，它仍然应当使用标准的普通话，避免使用含有方言成分的内容。

1987年以来，学者一直在探讨民族共同语和民族标准语的概念。民族共同语是一种自然形成的语言，没有明确的规范。而民族标准语则是一种有明确规范的语言，是在民族共同语发展的过程中人为推广的，普通话就是其中一种。

在国际中文教育中，我们应该教授汉族标准语言，而不是没有规范的民族共同语。在全球华人聚居区，汉民族共同语以其独特的方言特征而闻名。他们以自身的语言习惯为基础，将其中的语音、词汇和语法融入普通话中，从而形成了具有浓郁方言特色的共同语，这种情况十分普遍。因此，我们应该努力提高语言标准，让学生学会一些普通话中难以发出的儿化音，例如，小孩儿玩儿球儿，我喜欢吃冰棍儿，因为它们看起来像花朵儿。

在普通话中，一些独特的词汇需要进行严格的划分。例如，语气词非常复杂，只有在遵循正确的发音方式的情况下，才能够理解其含义。

你回去吗？（一般询问）

你回去吧？（有疑问的询问）

你回去啊？（有些吃惊的询问）

你回去啦？（意思是"不应该回去"）

你回去嘛！（带点儿撒娇的意思）

只有通过遵循中文的语法规则，并结合母语者的思维习惯，才能够正确地使用中文来表达和理解其中的含义。

在世界各地，许多国家都在努力推广他们的母语，并将其作为教材中的标准语。然而，许多外国人编写的英语教材，如《新概念英语》和《走遍美国》，并没有结合当地的语言特点。在教材中，语言对比和文化差异是不同的概念。因此，在国际中文教育中，应该谨慎地考虑教材的本土化和国别化。

根据不同的学习需求，国际中文教材可以划分为以下几种：

第一，普及性的汉语教材，例如，李晓琪的《博雅汉语》和李泉的《发展汉语》。

第二，专门针对特定语言文化背景的汉语教材，例如，刘珣的《新实用汉语课本》、李艾的《新思维汉语》，这些教材都是专门为母语为西班牙语者设计的。

第三，为了满足不同地区的语言和文化背景，匈牙利罗兰大学出版的《匈牙利汉语课本》，为母语为匈牙利语的学生提供了学习汉语的机会；法国的白乐桑和张朋朋出版的《汉语语言文字启蒙》，则为母语为法语的学生提供了学习汉语的机会。

国别化教材指的是上述第三种中文教材，它们的使用范围较窄，但仍然应该遵循普通话和规范汉字的原则。

"本土化""国别化""当地化"等概念在国际中文教育中可能被混淆，容易导致误解。如果我们对"国际化""本土化"的理解存在偏差，这将会对国际中文教育的长期发展造成不利影响。因此，我们应该根据不同情况来分别对待"国际化""本土化"中的内容，以便更好地促进国际中文教育的长期发展。

第二节 国际中文教学：事业与学科

一、问题的提出

对于国际中文教育，许多人都不知道它既可以作为一项事业，也可以作为一门学科。然而，许多人都认为它是一项重要的国家事业，却没有想到它会与一门学科联系在一起。随着时代的进步，学科的发展已经成为一个重要的话题，它既体现在事业的发展上，又体现在国际中文教学事业的迅猛增长中。因此，我们应该认真思考如何更好地理解学科与事业的关联，以及如何更有效地推动它们的发展。

我们认为，将国际中文教学视为单独的事物，既不利于它本身的发展，也无助于它的长期稳定发展。随着国际中文教育的持续进步，我们必须重视中文学科的发展情况，以及未来的发展趋势和自我提升的重点。特别是我们必须深入思考近年来中文教育的显著进步、中文学科的重要性、如何获得学术界和社会的广泛认可。

我们坚信，国际中文教学与其他学科有本质的区别，它的发展必须以学科的发展为基础，而不是仅仅依靠事业的发展；在发展过程中，学科的建设必须得到重视，而且必须与事业的发展紧密结合，以满足事业的需求，实现双赢。

二、既是事业又是学科

"国际中文教育"（包括"对外汉语教学"）一词拥有多种含义，它不仅代表一门学科，还代表一项事业。"对外汉语教学"的概念早在1983年便被正式提出，并被广泛应用；"国际中文教育"的概念则早在1985年第一届国际汉语教学讨论会上就被提及过。近年来，这一观点被越来越多的人接受并使用。

20世纪50年代初，随着国际政治格局处于冷战时期，对外汉语教学作为一项重要的事业开始，它不仅服务于国家对外交流与合作的需要，而且也被视为外事或准外事，为国家的发展作出了重要贡献。

第九章　国际中文教育教学展望

作为一项事业，自20世纪50年代起，中文教师就被派往友好国家。20世纪60年代，中文教育机构建立，并且培养和储备了大量的外语汉语教师。在20世纪八九十年代，中文教育在改革开放的政策下得到了大力的推动。在21世纪，中文教育在海外的需求日益增长，这也促使了中文教育的发展。2002年举办的"汉语桥"国际大学生中文比赛，2003年中美双方联手启动AP中文课程，2004年孔子学院走出国门，2005年举办第一届世界汉语大会，2006年首届孔子学院大会举行，2007年孔子学院总部建立，这些举措为中文教学带来了前所未有的发展与繁荣。这些事件在全球范围内产生了深远的影响。在过去，对外汉语教学并非一项学术领域，而是由国家机构、公众和媒体舆论共同推动的。"走出去"作为中国文化的重要组成部分，不仅是一个基础，更是一项大型、长期、可持续的系统工程，旨在提升中国的软实力。通过回顾历史，我们可以发现，对外汉语教学的每一次进步都与国家的进步、国际形势的变化以及中国与世界的交流与合作密不可分。

作为一门学科，"国际中文教育"和"对外汉语教学"都是用来教授汉语的学科，但它们的定义有所不同。"国际中文教育"涵盖了国内外的汉语教学，而"对外汉语教学"则专注于汉语的教学。对外汉语教学旨在帮助学生在目标语言环境中掌握汉语，并将其应用于海外语言学习中。近年来，国际中文教育越来越多地关注在非目标语言环境中如何教授汉语，同时也关注了如何将中文应用于国内语言学习中。总之，对外汉语教学旨在培养学生的中文能力，而国际汉语教育则致力于培养学生的外语能力。这两种教学方式都基于中国的文化背景和语言环境，但它们在某些具体问题上存在差异。因此，在选择教学方法时，应该考虑语言环境、文化背景和社会环境等因素，以便选择最适合学生的教学方法。中文教学在世界各地都有相似之处。

国际中文教育既是一项具有挑战性的事业，又是一门独立的学科，它的核心价值在于它能够帮助人们更好地理解和掌握中国文化，从而更好地应用到实际生活中。

为了促进事业的发展，我们必须关注和发展学科；同时，也要关注和服务事业的发展。只有这样，事业才能得到持续、高效的发展，而中文教学也不例外。

如果我们不研究和掌握中文（汉字）的结构和组合规律，不了解和掌握教学规律和习得规律，那么无论在什么样的环境下开展中文教学，都很难取得理想的教学质量和效果，更别提高质高效的教学效果了。如果一门学科缺乏理论支撑、方法、模式和标准，那么它将很难为事业发展提供有效的指导，从而使其偏离正确的发展方向，并且削弱其应用价值。

三、首先是事业，然后是学科

长期以来，中文教育在国际上取得了巨大的成就，学术界也就此做了大量的研究。

例如，李培元（1989）提出，1950 年，中国开始与东欧国家开展留学交流，当时教育部非常重视这项工作，并决定在清华大学开设东欧交换生中国语文专修班，提供汉语教学服务，满足外国学生的学习需求。[①]1950 年 6 月 25 日，政务院总理周恩来亲自主持会议，研究决定接收外国留学生，这标志着"起点之事"对外汉语教学事业的开端。又如，《对外汉语教学发展概要》一书由三个部分组成，其中"对外汉语教学事业的发展"涵盖 1950 年至 20 世纪 70 年代末的对外汉语教学发展历程，"初创、巩固和发展、恢复、蓬勃发展"则将其划分为四个阶段，"对外汉语教学法的发展"和"对外汉语教学学科理论的发展"则更进一步探讨了这一历史时期的发展情况。对外汉语教育专家赵金铭强调，国家对对外汉语教学事业的高度重视和大力支持，使得这一事业得以蓬勃发展，取得了显著的成果。[②]

1987 年 7 月，国务院正式批准成立"国家对外汉语教学领导小组"，旨在加强对外汉语教学的领导与协调，并且多次向相关部门和领导表明，对外汉语教学是国家的重要事业。1989 年 5 月，教育委员会颁布了《全国对外汉语教学工作会议纪要》，强调了"推动对外汉语教学的发展是国家和民族的重大责任"。在 1990 年 8 月的第三届国际汉语教学讨论会上，教育委员会副主任滕藤强调，我国一直高度重视发展对外汉语教学，将其视为国家和民族的事业，是对外开放政策的重

---

① 李培元. 中国对外汉语教学的 40 年 [J]. 世界汉语教学，1989（3）：129–136.
② 赵金铭. 赵金铭国际汉语教育论文集 [M]. 北京：北京语言大学出版社，2012.

要组成部分。[1]可见，对外汉语教学是中华人民共和国成立以来最重要的对外交流活动之一，其规模和影响不断扩大，为国家发展和对外交往提供了强有力的支撑。如今，汉语及中国文化的传播已经成为国家对外交流和发展的重要战略，为国际社会提供了一种全新的文化交流方式。

随着对外汉语教学的不断发展，前辈的积极探索和研究科学理论。我国第一篇关于对外汉语教学的学术论文《教非汉族学生学习汉语的一些问题》，标志着对外汉语教学的重要性日益凸显。柯炳生和王学作在《试论对留学生讲授汉语的几个基本问题》中首次提出，汉语教学应该与汉族学生的母语语文教学有所区别[2]，这一观点在此后的研究中得到了广泛的认可。为了满足外国学生的需求，我们应该确定教学目标。我们应该根据成年人学习汉语的特点，培养他们实际运用汉语的能力。相关研究已经提出了一些基本原则，包括教学目标、教学内容和重点、教学程序和要点、教学方法和教材编写等。在20世纪50年代，这些研究成果为当时和后来的对外汉语教学理论研究和实践提供了重要的基础和指导。在20世纪六七十年代，至少发表了20多篇关于对外汉语教学的文章，进一步丰富和深化了学科理论和实践研究。

20世纪70年代末，中国社会科学院召开了北京地区语言学科规划座谈会。会议上，语言学家一致认可将对外汉语教学作为一门学科，并且首次将其纳入学科研究范畴。这一重大历史事件及其相关的学术观点，被认为是中国对外汉语教学的里程碑式的一步。1983年6月，中国对外汉语教学学会（中国教育学会对外汉语教学研究会）正式成立，以培养更多的汉语教学者。1985年8月，第一届国际汉语教学讨论会（260名代表参会，中外代表各占一半）召开。为了更好地推动汉语教学的发展，在第二届国际汉语教学讨论会上，世界汉语教学学会也正式成立，以此来推动汉语教学的国际化。随着对外汉语教学的日益深入，人们对它的认知也越来越清晰，使得对外汉语教学的理论研究得以达到一个新的水平，并且形成了一种新的学术观念，以此来指导和推动对外汉语教学的发展。从20世纪80年代开始，对外汉语教学的学术研究取得了长足的进步，其重要性和影响力也在迅速增强。

---

[1] 施光亨. 对外汉语教学是一门新型的学科 [M]. 北京：北京语言学院出版社，1994.
[2] 王学作，柯炳生. 试论对留学生讲授汉语的几个基本问题 [J]. 教学与研究，1957（2）：31-35.

对外汉语教学一直被视为一项重大的事业,多年来一直在努力建设。我国一直将汉语教育作为一项国家事业来看待,并给予了高度重视、支持和投入,这为汉语学科的发展奠定了坚实的基础。随着事业的发展,学科也得以更加全面地发展,从而获得更高的地位。换句话说,作为一门外语或第二语言教学的学科,能够被国家视为一项重大的事业,这无疑是一种幸运。

四、事业和学科应相互促进

国际中文教育事业与国际中文教育学科虽然各自独立,但它们仍具有密切的联系。国际中文教育事业致力于开发全球化的中文学习环境,并努力提高中文水平,从而促进中国文化的传播。国际中文教育学科则致力于探索中国文化的深层次含义,并努力提升中国文化的国际化水准。两者都需要重视中文教育的质量与水准,而改善这些指标的关键在于通过深入的学术探索与学科发展。国际中文教育教学事业不仅仅是一项简单的工作,它更多地涉及中文教师的专业知识、技能、思维能力、文化素养等多个领域。它的核心在于中文教师的专业能力、创新精神、丰富的经验、深入的思考能力,并且致力于将这些能力转化为可操作的解决方案,从而推动中文教育的发展。国际中文教育的发展需要我们重视学科建设,因为它既是一个独立的领域,又是一个相互关联的整体。只有通过努力,才能使中文教育取得更大的成就,并且为世界的进步作出贡献。

如果没有中文教学,事业将难以发展,甚至无法进行。因此,开展中文教学需要学术研究和学科建设成果的支持。例如,"教什么"和"怎么教"提出了两个基本问题,涉及教授什么内容、教授什么人、语言要素(如语音、词汇、语法和汉字等)如何教授、语言技能(如听、说、读、写等)如何教授、如何教授成人、如何教授儿童等。答案可能不是很复杂,但是需要将这些问题结合起来,并将其具体化,深入思考,以便更好地理解。如果要求教学质量和效率更高,就不能简单地把问题归结为理论和理据,必须通过学术研究来解决。因此,学术研究必须与教学和学习紧密结合。例如,回答教什么的问题并不难,只要教授正确的中文就可以了。那么,"(瞧你说的)哪儿的话"是否算作地道的中文呢?这个问题值得进一步研究?教材编写应该采用什么样的语言模式?在何时并如何使用?为了准确地解读这一句话的意思，以及确保它的语义解释和用法说明的准确性，我们必须考虑异文化学习者的特点，比如，他们对该句的理解程度、他们的使用情况以及他们对它的接受程度。因此，我们必须结合外语教学、语言学、教育学、文化学、跨文化交际等领域的专业知识，以便准确地解读并回答上述问题。

尽管学科的发展具有明确的宗旨、定义、范围以及研究焦点，但它们更加需要与社会的进步紧密结合，以便更好地解决社会发展中出现的理论问题与实际问题，从而使学科的研究与建设能够更好地满足社会的需求，并且在社会的进步中获得更多的机会以及发展的可能性。学术研究的重点在于深入探索中文、汉字的实质，并将其运用到实际的教学中，从单词、短语、格式、句子等方面进行深入的探讨，并将其与其他文化元素进行对比，从而有效地指导中文教学。除了积极探索新的理论研究课题外，学科的研究还应该紧跟时代的步伐，不断拓展和完善学科的研究领域，以期为社会的发展提供有力的学术支持和理论指导。近年来，随着国家中文教学事业的发展战略和工作重心转向海外，以及中文走向世界的国际化进程加快，我们应该拓宽视野，扩大学科研究范围和领域，将学科建设的重心从主要面向国内的对外中文教学转变为兼顾海内外特别是海外的中文教学，建立一个全面覆盖中文教学的国际中文教育大学科，以深入探讨中文教学的共性和个性，促进中文教育的国际化发展，推动中文教育走向世界，实现中文教育的国际化。总之，从事业和学科的角度来看，它们之间存在着一种互补的、共同发展的关系。几十年来，中文教育的发展历程清楚地表明：事业的发展有助于推动和促进学科的发展，同时，学科的发展又为事业的发展提供了强有力的支持。可以说，事业与学科的结合可以带来双赢，因此，我们必须坚持把事业和学科的发展结合起来。

参考文献

[1] 曹贤文. 国际中文教育研究探新 [M]. 北京：北京语言大学出版社，2021.

[2] 施春宏. 国际中文教育理论与实践：汉语教学理论探索 [M]. 上海：商务印书馆有限公司，2021.

[3] 李晓琪，徐娟，李炜. 数字化国际中文教育2022[M]. 北京：清华大学出版社，2022.

[4] 李岚，李逸. 对外汉语实用教程 [M]. 武汉：华中科技大学出版社，2018.

[5] 李娅菲. 对外汉语教学与策略研究 [M]. 延吉：延边大学出版社，2019.

[6] 毕彦华. 对外汉语教学理论与实践 [M]. 北京：北京工业大学出版社，2018.

[7] 李云霞. 对外汉语口语课堂话语互动研究 [M]. 长春：吉林大学出版社，2019.

[8] 鲁馨遥. 中国传统文化传播视域下的对外汉语教学研究 [M]. 北京：中华工商联合出版社，2021.

[9] 王惠莲. 对外汉语教学方法与教学模式的创新实践 [M]. 长春：东北师范大学出版社，2020.

[10] 胡晓晏. 基于跨文化适应性的对外汉语教学研究 [M]. 长春：吉林人民出版社，2020.

[11] 于小植. 国际中文教育文化教材编写中的故事讲述与精神传达 [J]. 天津师范大学学报（社会科学版），2023（4）：40–48.

[12] 周金声，郑继娥，王连荣. 国际中文教育新理念及其教材教法新模式的探讨 [J]. 汉字文化，2023（12）：91–93.

[13] 赵家伟，高迪. 国际中文教育背景下在线上课程中的传播与教学探究 [J]. 福建茶叶，2023，45（6）：125–127.

[14] 原佳妮. "产出导向法"在国际中文教育应用中的研究综述 [J]. 汉字文化，2023（11）：67–69.

[15] 马箭飞. 国际中文教育：有力促进中外人文交流、文化交融、民心相通 [J]. 中国新闻发布（实务版），2023（6）：30-33.

[16] 马瑞祾，徐娟. 语言智能赋能国际中文智慧教育：现实境况与未来路向 [J]. 国际中文教育（中英文），2023，8（2）：43-52.

[17] 谢娜. 孔子学院在国际中文教育中的公共价值及其实现 [J]. 国际中文教育（中英文），2023，8（2）：98-105.

[18] 郑艳群. 虚拟交流的国际中文教育创新实践 [J]. 国际中文教育（中英文），2023，8（2）：35-42.

[19] 李宝贵，魏禹擎，李慧. 国际中文教育"三大体系"构建：内涵意蕴、现实境遇与实践逻辑 [J]. 华文教学与研究，2023（2）：51-59.

[20] 崔希亮，丁安琪，冯丽萍，等. "国际中文教育三大体系建设"多人谈 [J]. 云南师范大学学报（对外汉语教学与研究版），2023，21（3）：1-10.

[21] 王琦. 新时代国际中文教育多中心治理研究 [D]. 济南：山东大学，2022.

[22] 熊仲文. 国际中文教育中汉语致歉语的运用研究 [D]. 北京：中央财经大学，2022.

[23] 董英姿. 国际中文教育中的唐诗意象教学研究 [D]. 西安：西安石油大学，2022.

[24] 晏朝霞. 国际中文教育视域下的中国古典诗歌教学研究 [D]. 大连：东北财经大学，2022.

[25] 史文慧. 国际中文教育专业实习教师职业认同研究 [D]. 北京：北京外国语大学，2022.

[26] 于洪菲. 国际中文教育背景下文化类课程讲好中国故事的路径研究 [D]. 沈阳：沈阳师范大学，2022.

[27] 金禹含. 国际中文教育视域下的文化体验活动实施研究 [D]. 沈阳：沈阳师范大学，2022.

[28] 谢蓉. 国际中文教育案例资料使用评价调查研究 [D]. 昆明：云南大学，2022.

[29] 王冰纯. 基于多元互动教学模式的国际中文教育平台设计 [D]. 沈阳：辽宁大学，2022.

[30] 曾馨墨. 国际中文教育缩略语教学研究 [D]. 海口：海南师范大学，2022.